D1705502

Jacob Burckhardt-Gespräche auf Castelen

Band 42

Cornelia Ortlieb

Gefaltete Verse, Blumenkomplimente und Stein-Gaben

Stéphane Mallarmés *Vers de circonstance* ·
Verse unter Umständen

Schwabe Verlag

Die Jacob Burckhardt-Gespräche auf Castelen
wurden im Rahmen der Römer-Stiftung Dr. René Clavel
begründet von Dr. iur. Dr. phil. h. c. Jacob Frey-Clavel.

Direktorium:
Prof. Dr. Gottfried Boehm · Prof. Dr. Gunnar Hindrichs ·
Prof. Dr. Kurt Seelmann · Prof. Dr. Ralph Ubl

Bibliografische Information der Deutschen Nationalbibliothek
Die Deutsche Nationalbibliothek verzeichnet diese Publikation in der Deutschen
Nationalbibliografie; detaillierte bibliografische Daten sind im Internet über
http://dnb.dnb.de abrufbar.

Umschlaggestaltung: icona basel gmbh, Basel
Cover: STROH Design, Kathrin Strohschnieder, Oldenburg
Korrektorat: Julia Müller, Leipzig
Satz: textformart, Daniela Weiland, Göttingen
Druck: Hubert & Co., Göttingen
Printed in Germany
ISBN Printausgabe 978-3-7965-5279-3
ISBN eBook (PDF) 978-3-7965-5280-9
DOI 10.24894/978-3-7965-5280-9
Das eBook ist seitenidentisch mit der gedruckten Ausgabe und erlaubt Volltextsuche.
Zudem sind Inhaltsverzeichnis und Überschriften verlinkt.

rights@schwabe.ch
www.schwabe.ch

Inhalt

I Sprechende Dinge, vielsagende Verse. Zur Einführung

Das Werk des französischen Dichters Stéphane Mallarmé (1842–1898) ist unerschöpflich: Vers- und Prosagedichte, kunsttheoretische Essays, Übersetzungen, kritische Schriften, grammatische Studien, Texte zur Mode, Briefe und Zeichnungen sind bis heute noch neu zu entdecken oder gar erst ins Deutsche zu übersetzen.[1] Die berühmten Versgedichte führen in klassischen Formen und Formaten häufig an die Grenzen des lyrischen Sprechens und seiner Verstehbarkeit. Denn ihre rätselhaften Metaphern, verbunden zu oft elliptischen Aussagen, und unvollständigen Sätze im stets strikt eingehaltenen Silben- und Versmaß loten die Möglichkeiten der französischen Sprache in all ihren Dimensionen aus und sind so in keine andere Sprache zu übersetzen. Dazu gehört vor allem die untrennbare Verbindung von klanglichen und visuellen Effekten in einer eigenen, geschlosse-

---

1 Die nach wie vor kanonische Übersetzung der Vers- und Prosagedichte Mallarmés stammt von Carl Fischer; sie wurde durch Gerhard Goebel erneuert und erweitert, dessen zweibändige zweisprachige Ausgabe auch Übersetzungen der Essays und kunsttheoretischen Texte Mallarmés und einen stets lesenswerten Kommentar aller Einzeltexte bietet. Im Folgenden werden diese beiden Ausgaben abwechselnd oder gemeinsam zitiert. Stéphane Mallarmé: Sämtliche Dichtungen. Französisch und deutsch. Mit einer Auswahl poetologischer Schriften, Übersetzung der Dichtungen von Carl Fischer, München 1995, Stéphane Mallarmé: Gedichte. Französisch und deutsch, übers. u. kommentiert v. Gerhard Goebel, unter Mitarbeit von Frauke Bünde u. Bettina Rommel, Gerlingen 1993, Stéphane Mallarmé: Kritische Schriften. Französisch und deutsch, hg. v. Gerhard Goebel u. Bettina Rommel, übers. v. Gerhard Goebel unter Mitarbeit von Christine Le Gal. Mit einer Einleitung und Erläuterungen von Bettina Rommel, Gerlingen 1998.

nen Bildsprache, die häufig wiederkehrende Motive versammelt, darunter Evokationen des reinen Weiß, der Durchsichtigkeit und Leichtigkeit, der Transzendenz irdischer Schwere.[2]

Neben den üblichen Manuskript- und Druckformaten findet sich jedoch in Mallarmés Nachlass, wie einer breiten Öffentlichkeit erstmals in der Pariser Ausstellung zum hundertsten Todestag 1998 vor Augen geführt wurde, eine Fülle zugleich alltäglicher und ungewöhnlicher Dinge, die Mallarmé auch gleichsam nebenher beschriftet und beschrieben hat.[3] Dazu gehören teils farbige Karten in verschiedenen Formaten, Visitenkarten, Briefumschläge und gefaltete Papierfächer mit japanischem Dekor, die offensichtlich mit allen Sinnen wahrgenommen werden wollen, aber auch Reste eigenwilliger Schriftkörper wie bemalter Ostereier, Calvadoskrüge und dünner Papierröhrchen, umwickelt mit schmalen Papierstreifen, sogenannte *Mirlitons*.[4] Für eine geplante Veröffentlichung seiner zahlreichen, vermeintlich beiläufig verfassten, aber höchst virtuosen Vers-Adressen auf

---

2   Angesichts der ihrerseits je bedeutenden Traditionen der (philosophischen) Auslegung und Deutung dieser einzigartigen Verskunst ist es unmöglich, im Rahmen dieses Texts kurrente Forschungspositionen auch nur annähernd adäquat darzustellen. Eine neuere Auswahl bietet etwa Giulia Agostini (Hg.): Mallarmé. Begegnungen zwischen Literatur, Philosophie, Musik und den Künsten, Wien 2019; einen Gegenentwurf, der Mallarmé mit Blick auf dessen Essays über das ‹Gewöhnliche› und entsprechend fokussierte ausgewählte Gedichtlektüren als anti-elitären Autor für eine ‹Menge der Zukunft› fasst, Stefan Rippberger: Mallarmés Menge, Berlin 2019.

3   Yves Peyré (Hg.): Stéphane Mallarmé 1842–1898. Un destin d'écriture, Ausst.-Kat. Paris, Musée d'Orsay, Paris 1998.

4   Vgl. die zahlreichen Beispiele ebd; zu Mallarmés Fächergedichten, seiner eigenen Fächersammlung und ihrem Kontext Philippe Rollet (Hg.): Rien qu'un battement aux cieux. L'éventail dans le monde de Stéphane Mallarmé, Ausst.-Kat. Vulaines-sur-Seine, Musée départemental Stéphane Mallarmé, Montreuil-sous-Bois 2009 und die instruktive Einführung Bertrand Marchal: Éventails, «Éventails», ebd., S. 26–34.

Briefumschlägen hatte Mallarmé den vielsagenden Titel *Vers de circonstance* vorgesehen, der sich etwa als Verse unter Umständen, Verse zu Anlässen, Gelegenheitsverse übersetzen ließe.[5] Mindestens den Adressengedichten wollte Mallarmé so auch mit der Überführung in andere (Buch-)Formate eine eigene Position im Gesamtzusammenhang seiner poetischen Schriften geben.[6] Entsprechend hat Bertrand Marchal, sicher einer der besten Kenner und zudem langjähriger Herausgeber der Werke Mallarmés, zu Recht nachdrücklich darauf hingewiesen, dass auch andere – oder *alle* – Gedichte Mallarmés als solche ‹unter Umständen› aufgefasst werden können.[7]

---

5   Das naheliegende Wort *Gelegenheit* ist in der deutschen Literaturgeschichte mit Goethes sogenannten Gelegenheitsgedichten assoziiert, vgl. aber zur «Neubestimmung von Gelegenheitsdichtungen» und ihren «unterschiedlichen Ausprägungen» bei Mallarmé, auch in Abgrenzung von Goethes Konzept, Klaus Hempfer: Zur Differenz von ‹Lyrik› und ‹Gelegenheitsdichtung›. Das Beispiel Mallarmé, in: Zeitschrift für französische Sprache und Literatur 128 (2018), Heft 2–3, S. 187–211, hier: S. 189.

6   Durch die Vermittlung von James McNeill Whistler sollten die Adressgedichte ursprünglich 1893 in dem Londoner Verlagshaus James R. Osgood, McIlvaine & Co unter dem Titel *Récréations Postales,* Postalische Zerstreuungen, erscheinen. Mallarmé bereitete ein Manuskript mit 89 Adressgedichten vor, doch die Edition kam nie zustande. Für die Zeitschrift *The Chap Book* wählte Mallarmé 27 dieser Gedichte aus und überarbeitete sie, sodass sie am 15. Dezember 1894 unter dem variierten Titel *Les Loisirs de la Poste,* Die Vergnügen der Post, dort veröffentlicht werden konnten. Die Buchausgabe der *Vers de circonstance* übernimmt die Gedichte in dieser Fassung, ergänzt um die restlichen Gedichte der *Récréations Postales* und um weitere, bisher unveröffentlichte Adressvierzeiler.

7   Bertrand Marchal: «Il faut ajouter que le titre *Vers de circonstance,* qui est bien de Mallarmé, n'impliqua pas pour autant que le mineur serait du côté du circonstanciel et le majeur de l'absolu: les poèmes des *Poésies* sont aussi circonstanciels.» Es muss hinzugefügt werden, dass der Titel *Vers de circonstance,* der von Mallarmé selbst stammt, nicht etwa bedeutete, dass das Zweitrangige auf der Seite des Anlassgebundenen wäre und das Bedeutendere auf der des Absoluten: Die Gedichte

Dabei sind Mallarmés poetische Papierarbeiten, zu denen erstaunlicherweise auch kleine Zeichnungen und kalligrafisch gestaltete Monogramme gehören, in Teilen erst noch zu entdecken, wie die insgesamt 482 Gedichte der Buchsammlung *Vers de circonstance* von 1920, die seine Tochter zusammengestellt hat, eindrucksvoll belegen.[8] Die Verse zu unterschiedlichen Feieranlässen wie Geburtstagen, Neujahr und Ostern, die allesamt adressiert sind, finden sich dort erstaunlicherweise nicht nur auf Briefumschlägen und Visitenkarten, sondern etwa auch am Rand von Fotografien, auf Kieselsteinen aus dem Ferienort Honfleur und auf zahlreichen, kostbar anmutenden Papierfächern mit Dekor im japanischen Stil; sie sind seit 2023 erstmals in einer zweisprachigen Ausgabe allesamt auch auf Deutsch zu lesen.[9]

Allein die Buch-Abteilung der Briefumschlag-Gedichte enthält insgesamt 127 Gedichte, die ihre je individuelle Adressierung unverkennbar ausstellen, indem sie nicht mehr sind als die

der *Poésies*, Dichtungen, sind ebenso anlassbezogen. Marchal: Éventails, «Éventails», S. 30, Übersetzung CO. Marchal hat auch die um etliche Gedichte erweiterte Neuausgabe von 1996 zusammengestellt und kommentiert: Stéphane Mallarmé: Vers de circonstance. Hg. v. Bertrand Marchal, Paris 1996.

8   Stéphane Mallarmé: Vers de circonstance. Avec un quatrain autographe, Paris 1920. Für den Band, der doppelt posthum erschien, da Geneviève Mallarmé-Bonniot schon 1919 verstorben war, hatten Mallarmés Tochter und ihr Ehemann Edmond Bonniot aus Notizen und Abschriften, womöglich auch im Rahmen einer entsprechenden Recherche und Sammlung unter den ehemaligen Empfänger:innen, die Gedichte in Abteilungen gruppiert und mit wenigen Erläuterungen zur Entstehung veröffentlicht, darunter auch (poetologische) Paratexte, die Mallarmé für andere (geplante) Teil-Veröffentlichungen verfasst hatte.

9   Stéphane Mallarmé: Vers de circonstance · Verse unter Umständen. Hg. v. Christin Krüger, Cornelia Ortlieb, Felicitas Pfuhl, Vera Vogel. Aus dem Französischen übers. v. Christin Krüger, Cornelia Ortlieb, Felicitas Pfuhl, Kristin Sauer, Katherina Scholz und Vera Vogel, Dresden 2023. Die Ausgabe ist der Erstausgabe der *Vers de circonstance* so treu wie möglich nachgebildet, mit zusätzlichen Anmerkungen, Registern und Abbildungen.

jeweils transformierte Postadresse auf einem handelsüblichen kleinformatigen Briefumschlag, der dem Vorwort Mallarmés zufolge stets ordnungsgemäß zugestellt wurde.[10] Begleitverse zu kandierten oder glasierten Früchten bilden das entsprechend benannte Kapitel *Dons de fruits glacés au Nouvel an, Gaben kandierter Früchte zu Neujahr*, das 61 Gedichte enthält, gefolgt von deren Variation unter dem lakonischen Titel *Autres dons de Nouvel an, Andere Neujahrsgaben*, für weitere 38 Gedichte. Zeigen hier die Realien solcher Gaben zugleich metonymisch die sie begleitenden Verse auf kleinen Papierblättern oder Kärtchen, frz. *Billetts*, an, so sind andere Dinge als Schriftträger zugleich untrennbar mit ihrer Versaufschrift verbunden, wie etwa die Gedichte der Abteilung *Éventails, Fächer*, oder auch die bereits erwähnten Fotografien, Ostereier und Kieselsteine. Ihre Lektüre, wenngleich im anderen Medium des Buches, das eigene Effekte zeitigt, beansprucht somit auch eine besondere Aufmerksamkeit für die je unterschiedliche dingliche Materialität solcher «schrifttragenden Artefakte»[11] und deren womöglich eigener Wirk- oder Handlungsmacht.[12]

---

10   Vgl. Mallarmé: Vers de circonstance · Verse unter Umständen, S. 8 f.

11   Diese Bezeichnung oder die ihr verwandte Rede von «texttragenden Artefakten» ist etwa in archäologischen Kontexten üblich, vgl. Markus Hilgert: Praxeologisch perspektivierte Artefaktanalysen des Geschriebenen. Zum heuristischen Potential der materialen Textkulturforschung, in: Friederike Elias, Albrecht Franz u. a. (Hg.): Praxeologie. Beiträge zur interdisziplinären Reichweite praxistheoretischer Ansätze in den Geistes- und Sozialwissenschaften, Berlin, Boston 2014, S. 147–162.

12   Von der reichen interdisziplinären Diskussion um solche Fähigkeiten diverser Dinge gibt das folgende bündige Zitat einen Eindruck: «Dinge, vor allem Artefakte, haben Handlungsmacht, sie bewegen, bewirken, sie haben Einfluss, bringen Vieles zustande, sind dienlich, stören aber auch, machen Probleme. Dabei werden sie häufig zu echten Mittlern, die einen deutlichen Unterschied machen, sind nicht lediglich funktional festgezurrte Zwischenglieder in einer längeren Handlungskette. Aber solche Dinge handeln nicht allein, sie sind Mitspieler,

Gut eingeübte Techniken der Fokussierung von Verseigenschaften und Bildelementen sind zudem sonst typischerweise auf das je einzelne Kunstwerk, Artefakt oder Schriftgebilde gerichtet und auf dessen näheren Kontext. Welche Lesestrategien angesichts der Fülle, der je unterschiedlichen Gruppierung und der offensichtlich seriellen Schreibweise dieser Gedichte Mallarmés gefordert oder adäquat wären, ist gegenwärtig dagegen noch weitgehend offen: Die Betrachtung muss hier notwendig jeweils zwischen Einzelgedicht und Serie wechseln, mithin Modi des *Close Reading* einzelner Elemente mit einem eher distanzierten Blick auf größere Einheiten verbinden. Angesichts der teils offensichtlich kontingenten Menge der zusammengestellten Einzelgedichte und des ohnehin eher prekären Projekts ihrer Organisation aus dem Nachlassbestand kann es so bei beim Betrachten, Lesen und Entschlüsseln ausgewählter Beispiele nicht um Geschlossenheit oder gar Vollständigkeit gehen. Wie im Folgenden an einigen wenigen Beispielen gezeigt werden soll, bilden das jeweilige Ding, sei es ein üblicher Gebrauchsgegenstand, ein modisches Accessoire oder ein Element der zeitgenössischen Kommunikationskultur, und seine Beschriftung oder (poetische) Beschreibung zugleich Ansichten einer seriell verfassten Dichtung unter den besonderen Umständen freundschaftlich geprägter Geselligkeit in Kunstkreisen und je individuelle Artefakte, in wiederum eigentümlicher Wiederholung.[13]

Beteiligte, sind Handlungsträger neben anderen, erweitern diese, ergänzen, übersetzen, stabilisieren sie.» Karl H. Hörning: Was fremde Dinge tun. Sozialtheoretische Herausforderungen, in: Peter Hahn (Hg.): Vom Eigensinn der Dinge. Für eine neue Perspektive auf die Welt des Materiellen, Berlin 2015, S. 163–176, hier: S. 172.

13   Für diesen Text greife ich (in Teilen) auf die Ergebnisse meiner langjährigen Forschung zu Mallarmés Dichtung und ihrer besonderen Materialität zurück, vgl. Cornelia Ortlieb: Weiße Pfauen, Flügelschrift. Stéphane Mallarmés poetische Papierkunst und die *Vers de circonstance · Verse unter Umständen*, Dresden 2020.

II Der Pfau auf Reisen.
Implikationen einer einzigartigen
Zeichnung Mallarmés

Wie sich zeigen wird, können wiederkehrende Motive, Schreibweisen und Bilder jedoch dazu einladen, bestimmte Muster zu erkennen und wiederzufinden oder auch eine Vorstellung der schemenhaft erkennbaren Adressierten zu entwickeln.[14] Unter diesen wird sich immer wieder die Kontur Méry Laurents besonders abzeichnen: Ihr sind besonders viele Gedichte aller Abteilungen explizit gewidmet, und sie ist zugleich, mehr oder weniger augenfällig oder dezent verborgen, entsprechend häufig deren Thema und Gegenstand.[15] Hatte schon Édouard Manet, in dessen Atelier Mallarmé 1882 ihre Bekanntschaft machte, Méry Laurent mit den Mitteln ‹japanischer› Kunst porträtiert, so variieren auch Mallarmés Verse für sie und andere die Formensprache dieser seinerzeit neu entdeckten Kunst. Somit ist es in jeder Hinsicht sinnfällig, die Einblicke in Mallarmés scherzhaft-galante Kunst der Adressierung mit einer Méry Laurent gewidmeten besonderen Schrift-Bild-Gabe zu eröffnen. Die Tintenzeichnung auf einem gewöhnlichen Blatt Papier, die offenbar einem Brief beilag oder ein übliches Briefschreiben zur Verabredung bestimmter Reisedetails ersetzt hat, demonstriert auch die spezielle Tonlage

14 Für das Namensregister der neuen zweisprachigen Ausgabe und die Stellenkommentare in Fußnoten haben Christin Krüger, Felicitas Pfuhl, Vera Vogel und ich großflächig recherchiert, dankbar für Möglichkeiten digitaler Spurensuche, die dennoch auch immer wieder schnell an ihre Grenzen kommt, vgl. Mallarmé: Vers de circonstance · Verse unter Umständen, S. 296–300.

15 Diese These entfalte ich weiträumig in Ortlieb: Weiße Pfauen.

Abb. 1: Stéphane Mallarmé: La journée du 12, Zeichnung für Méry Laurent

der *Vers de circonstance*, ein geistreiches, scherzhaft-galantes Anspielen auf das gemeinsame Wissen von Verfasser und Adressatenkreis, das in verschiedenen französischen Konversationsformen seinerseits eine lange Tradition hat – hier im neuen Medium der *Bande dessinée*, des Comic.

Die kleine ‹Gelegenheitszeichnung› mag Mallarmés Vorliebe für die Darstellungsweisen der damals in Frankreich erst unlängst bekannten bildenden Kunst Japans geschuldet sein:[16] Im Zeichenstil entfernt den Schwarz-Weiß-Holzschnitten bekannter japanischer Künstler wie Katsushika Hokusai oder Utagawa Hiroshige ähnelnd, gibt die scherzhaft pointierte Darstellung mit dem Titel *La journée du 12[.]* (Die Reise am 12[.]) in vier Einzelbildern offenbar die Stationen eines aufwendigen Ortswechsels zu sehen.[17] Die langgezogenen Bildstreifen, die jeweils eine Szene ausmalen, sind offensichtlich von oben nach unten zu lesen und um ein auffälliges Vogelwesen zentriert. In der eigentümlichen und glamourösen Mischfigur aus Dame und Pfau ist zweifellos die Schauspielerin und Salon-Dame Méry Laurent zu erkennen, die Mallarmé bis zu seinem unerwartet frühen Tod im September 1898 etwa fünfzehn Jahre lang umworben hat. In Hunderten Briefen, Billetts, Gedichten und Zeichnungen nennt Mallarmé sie stets «mein lieber Pfau», «mein kleiner Pfau», oder auch, erstaunlicherweise, «mein weißer Pfau».[18]

16   Vgl. zur europäischen Japanmode des späten 19. Jahrhunderts die materialreiche Abhandlung Siegfried Wichmann: Japonismus. Ostasien – Europa. Begegnungen in der Kunst des 19. und 20. Jahrhunderts, Herrsching 1980.

17   Stéphane Mallarmé, La journée du 12, 1888, Tintenzeichnung, 11,3 × 9,1 cm, Bibliothèque littéraire Jacques Doucet, in: Roselynne de Ayala, Jean-Pierre Guéno (Hg.): Les plus belles lettres illustrées, Paris 1998, S. 127.

18   Vgl. die mehr als zweihundert Briefe und Karten in Stéphane Mallarmé: Lettres à Méry Laurent. Hg. v. Bertrand Marchal, Paris, 1996. Méry Laurent hat selbst mehrfach ihren Namen gewechselt: Als uneheliches Kind der Wäscherin Marie-Rose Louviot am 29.04.1849 in Nancy geboren, erhält sie deren Nachnamen und drei Vornamen: Anne-Rose Suzanne Louviot. Bereits mit fünfzehn Jahren heiratet sie am 02.05.1864 den Lebensmittelhändler Jean-Claude Laurent und übernimmt seinen Nachnamen, den sie auch nach der Scheidung im selben Jahr behalten wird. Erste Bühnenauftritte in Paris haben wohl schon um 1870 stattgefunden, namentlich genannt als «Méry Laurent» wird sie ab 1872 bei kleinen Auftritten und auf Fotografien. *Marie* Laurent (1826–1904) war zur selben Zeit eine gefeierte Pariser Schauspielerin, vgl. die Beiträge in Françoise Bayle (Hg.): Méry Laurent, Manet,

Für die Wahl dieses vieldeutigen Symbols in einer eigenen Bildersprache der Liebe gibt es etliche gute Gründe: Der in London lebende amerikanische Maler James McNeill Whistler, mit dem Mallarmé eng befreundet war, einer der wichtigsten Vermittler japanischer Kunst in Europa, hatte 1876 für den privaten Ausstellungsraum eines Londoner Sammlers von asiatischem Porzellan ein Raumkunstwerk entworfen, das zugleich ein überaus aufwendiges Dekorationsprogramm realisiert.[19] Es ist zentriert um den (männlichen) Pfau und bekannt unter dem Kurztitel *The Peacock Room*, da die Ornamentmotive für Decke und Wände durchgehend von Pfauenfedern abgeleitet sind und zwei prächtige goldene Pfauen die Innenseite der fast wandhohen Fensterläden schmücken.[20] Dabei zitiert oder übersetzt Whistlers Gestaltung japanische Muster und Techniken; «die Darstellung der Pfauen ist z. B. einer japanischen Lackarbeit aus der zweiten Hälfte des 19. Jahrhunderts verwandt».[21] Der Pfau kann hier, wie bei Mallarmé, als eine Art Chiffre für ostasiatische Kunst oder weiträumige Vorstellungen des ‹Orients› firmieren, weil er als eigentlich in Indien und China beheimatetes Tier wegen seiner besonderen Schönheit schon früh göttliche und weltliche Macht repräsentiert hat. Im griechischen Altertum ist er zudem als Be-

Mallarmé et les autres, Ausst.-Kat. Nancy, Musée des Beaux Arts, Versailles 2005, besonders Joy Newton: Méry Laurent, icône fin de siècle, ebd., S. 9–32.

19   Vgl. Ortlieb: Weiße Pfauen, S. 160 ff.

20   Claudia Däubler-Hauschke, Michael Brunner: Der japanische Schmetterling – James Whistler, in: Dies. (Hg.): Impressionismus und Japanmode. Degas / Whistler, Ausst.-Kat. Überlingen, Städtische Galerie, Überlingen 2009, S. 111–148, hier: S. 137, Nr. 26.

21   Auch die Art seiner Herstellung weist augenfällige Übereinstimmungen mit dieser Kunstfertigkeit auf: Das goldene Relief auf dem Deckel des Kästchens ist ebenso fühlbar erhaben, wie die «kämpfenden Pfauen» des Wandgemäldes Whistlers durch den pastosen Pinselstrich in Gold von ihrem Grund abgesetzt sind, vgl. ebd., S. 136.

gleiter der Göttin Hera bekannt, die ihm dem Mythos zufolge für sein Federkleid die hundert Augen des Wächters Argus gegeben haben soll.

Den Pfau als ‹japanisch› aufzufassen, ist jedoch womöglich eine eigenwillige Umdeutung eines europäischen Konsum-Publikums, das schon 1867, im Jahr des Machtwechsels in Japan und seiner Öffnung für den Westen, durch einen Ankauf des Londoner Victoria and Albert Museum beispielsweise ein zuvor bei der Pariser Weltausstellung präsentiertes Schmucktablett kennenlernen konnte. Es zeigt auf glänzend schwarzem Grund vor allem den prachtvollen Schwanz eines männlichen Pfaus in anmutigem Bogen und mit auffällig hervorgehobenen Augen.[22] Wenn mit der Teilnahme Japans an der Pariser Weltausstellung von 1878, einem «Großereignis», auch das «Japanfieber und die Mode des Japonismus […] ihren Höhepunkt erreicht [hatten]»,[23] so sind auch in den neuen Kaufhäusern in Paris am Ende des 19. Jahrhunderts neue Dekor-Gegenstände und modische Accessoires zu finden, die nach europäischem Geschmack mit Pfauenmotiven dekoriert sind, darunter solche Lackkästchen, wie sie Whistler als Anregung gedient haben mögen. Tatsächlich wurden diese wiederum im späten 19. Jahrhundert nach europäischem Geschmack gestaltet, sodass bestimmte Motive, die in Europa als typisch japanisch und traditionell galten, erst durch diese Anpas-

22 Diesen Satz und die folgende Passage übernehme ich, teils wörtlich, aus Ortlieb: Weiße Pfauen, S. 163–164. Vgl. Gregory Irvine: Vom Namban-Handel zur Meiji-Zeit. Verfügbarkeit und Rezeption japanischer Kunst im Westen, in: Ders. (Hg.): Der Japonismus und die Geburt der Moderne. Die Khalili-Sammlung, Leipzig 2014, S. 16–53, hier: S. 29, Nr. 12.

23 Ebd., S. 24. Vgl. zur Vorgeschichte und zu den Details dieser überwältigenden Präsenz japanischer Kunst-Gegenstände in Europa Yokomizo Hiroko: Präsentation und Rezeption japanischer Kunst in Europa während der Meiji-Zeit, in: Irvine (Hg.): Der Japonismus, S. 54–89.

sung an neue Konsumgewohnheiten und ästhetische Bedürfnisse neu gefunden und etabliert wurden.[24]

Der Pfau ist somit in mehrfacher Hinsicht das Ergebnis verschiedener Schritte der Hybridisierung, ein gleichsam mehrsprachiges Bildelement, das in Mallarmés zugleich reduzierter und präziser Zeichentechnik eine eigene Schwarz-Weiß-Plastizität erhält. Denn schon der erste Bildstreifen vereint in sich widerstreitende Elemente einer statischen Mobilität: In der Bewegung erstarrt, im flüchtigen Moment zeichnerisch gebannt, ist sowohl die Pfauendame in der ‹typisch japanischen› Seitenansicht dargestellt, im würdevollen Hochrecken von zierlicher Kralle und Handtasche, als auch der nahezu unsichtbare Kutscher, dessen Bereitschaft zum Aufbruch eine erhobene Peitsche mit beweglich geringelter Schnur anzeigt. Von links nach rechts, mithin in westlicher Leserichtung, verläuft die erzählte Handlung, die in der Bildlegende unten nachträglich erläutert wird: «Le paon quitte les Talus, à 8 heures» (Der Pfau verlässt Talus, um 8 Uhr).[25] Die *Villa des Talus* war Méry Laurents Sommerhaus im Pariser Bois de Boulogne, dessen bewegliche Güter offensichtlich in reichlich angedeuteten Schachteln oder Koffern gleichfalls auf Reisen gehen sollen. Auch Méry Laurents ständige Begleiterin Élisa Rosset ist in virtuoser Verknappung mit einigen sprechenden modischen Details wiedergegeben: Ihren ausladenden Hut ziert ein wiederum in sich bewegter Feder- oder Spitzenaufbau,

---

24 Für diesen Hinweis und die instruktive Diskussion meines Beitrags danke ich den Teilnehmer:innen des Weimarer Colloquiums *Übersetzen, Vergleichen, Unterscheiden: ein deutsch-japanischer Perspektivwechsel* vom 02. bis 05.09.2019 an der Bauhaus-Universität Weimar, vgl. Cornelia Ortlieb: Fächergedichte, Türkisvariationen und goldene Pfauen. Französisch-japanisch-deutsche Bildsprache um 1900, in: Simon Frisch, Teruaki Takahashi, Tilman Borsche (Hg.): Denken / Sehen. Japanisch-Deutsche Spaziergänge auf Kunstwegen, Baden-Baden 2024, S. 283–307.

25 Mallarmé, La journée du 12, S. 127.

ihr langes Kleid ist tailliert, der typische kleine Sonnenschirm zur Hand, während der andere Arm den Unterbau des Gepäckturms berührt.

Das berühmte Rad der prachtvollen Schwanzfedern, das freilich im Tierreich nur der männliche Pfau schlagen kann, veranlasst auf dem nächsten Bildstreifen gleich drei androgyne Strichwesen vor einer Eisenbahnlok unter Dampf zu huldigenden Verneigungen mit dreifach gezogenem Hut; die Bildunterschrift erläutert: «Le paon monte au train, 9 h 10» (Der Pfau besteigt den Zug, 9 h 10).[26] Der dritte Streifen zeigt dann die kleine Begleiterin mit verzweifelt gereckten Armen zwischen zwei hochaufgetürmten Gepäckstapeln, deren linker ihre bescheidene Körpergröße deutlich überragt. In Profilansicht von rechts und zum rechten Bildrand gewandt, hat die Pfau-Dame wieder ein Bein mit Kralle hocherhoben nach rechts gestreckt und lenkt den Blick so auf das kleine Häuschen im rechten Bildhintergrund, das mit einem flatternden Schriftband «Melun» unmissverständlich als das zitierte Bahnhofsgebäude ausgewiesen ist. In der sogenannten wirklichen Welt ist es in der südöstlich von Paris gelegenen, von der Hauptstadt etwa vierzig Kilometer entfernten und selbst traditionsreichen Stadt Melun seit 1849 und bis heute in Nutzung. Die Legende kommentiert lakonisch «Le paon, toujours suivi d'Élisa, en gare de Melun, met sa bagage à la consigne, 9 h 57» (Der Pfau, stets gefolgt von Elisa, bringt auf dem Bahnhof von Melun sein Gepäck zur Aufbewahrung, 9 h 57).[27]

Die vierte Reihe bringt das gute Ende der aufwendigen Unternehmung in einer mehrdeutigen Schlusspointe: Ausweislich der Bildunterschrift steht hier der Gastgeber zum Abholen bereit am Bahnsteig; «Monsieur Mallarmé et le wagon-toilette sont prêts à 8 h 57 du soir, en gare de Melun» (Herr Mallarmé

26   Ebd.
27   Ebd.

und der Badezimmerwagen stehen um / bis / ab 8.57 h abends am Bahnhof von Melun bereit).[28] Die Präposition *à*, die viele gleichwertige Übersetzungsmöglichkeiten eröffnet, schafft hier trotz der Schlichtheit des Satzes eine unaufhebbare Mehrdeutigkeit. Sie kann einerseits den Sinn der Ankündigung so lenken, dass der abholende Mallarmé ab 8.57 h, mithin eine Stunde vor der avisierten Weiterreise von Melun, bereitstünde, doch durch den expliziten Zusatz, der die Abendstunde präzisiert, ist andererseits unmissverständlich angedeutet, dass der erwartungsfroh Wartende bereit ist, die gesamte Nacht auf dem Bahnsteig die Ankunft der Anreisenden abzuwarten. Und angesichts der exakten Minutenangabe lässt sich auch ein Schreibfehler oder ein anderer Irrtum nicht ausschließen; womöglich sollte die Botschaft eigentlich lauten, dass Abholer und Gefährt auf die Minute pünktlich am Bahnhof stehen würden, womit freilich der Zusatz ‹am Abend› wiederum erklärungsbedürftig wäre.

Auch der Bildinhalt ist nicht rundweg verständlich, zumal angesichts der historischen Betitelung des Eisenbahnwaggons. Gemeint ist nicht eine heute so genannte Toilette, wie sie im späten 19. Jahrhundert bis in die 1980er Jahre nur als Fallrohr ausschließlich in Langstreckenzügen zu finden war,[29] sondern eine Art Badezimmer auf Rädern: Waschtisch mit Schüssel und der separat auf einem anderen Untersatz abgestellte Wasserkrug sind in der schlichten Zeichnung links und rechts gut zu erkennen, in der Mitte soll ein kleines regelmäßiges Viereck mit doppelten Außenlinien offenbar einen gerahmten Spiegel andeuten.[30] Abseits naheliegender Assoziationen zu stereotypen

---

28 Ebd.
29 Das Nürnberger Bahnmuseum stellt derzeit in einer eigenen Ausstellung die Geschichte der Zugtoilette (im heutigen Sinn des Wortes) vor, vgl. https://dbmuseum.de/unterdruck (zuletzt abgerufen am 19.09.2024).
30 Mallarmé: La journée du 12, S. 127.

Vorstellungen von weiblicher Eitelkeit, die mit dem Pfau auch auf ein traditionelles Symbol der (mittelalterlich so genannten) *Hoffart* rekurrieren könnten, sind die historischen Implikationen dieser Pointe interessant. Denn lediglich königliche oder andere besonders hochgestellte Reisende, darunter in Deutschland besonders prominent der Reichskanzler Otto von Bismarck, konnten im späten 19. Jahrhundert über eigens für sie gebaute oder eingerichtete sogenannte Salonwagen oder auch ‹Hofzüge› verfügen. Zur Ausstattung besonders luxuriöser und komfortabler Züge gehörten dann, wie erstmals für den *Royal Train* des englischen König Edward VII. gebaut, tatsächlich Badezimmer, sogar einschließlich Badewannen. Mit einem solchen Salonwagen für die Reisende bereit zu stehen, impliziert so auch, dass der Gastgeber willens ist, dem gleichsam königlichen Gast alle Möglichkeiten des (weiblichen) Komforts zu bieten, wie solchermaßen auch die Gepäckmenge und die Begleitung durch eine eher dienende weibliche Person typische Elemente königlicher Hofhaltung zitieren.

Das (womöglich irrtümlich) gelegentlich auf 1888 datierte Blatt gibt so einen seltenen und in dieser Form einzigartigen Einblick in die – avantgardistische – Verbindung von Kunst und Leben in einem neuen, seinerseits polyvalenten Medium. Die Möglichkeiten der Zeichnung nutzt Mallarmé in der reichen Korrespondenz mit Laurent einige Male, teils in Form kleiner Randglossen zu Briefen, teils in der sprechenden Verbindung von Schrift- und Bild-Elementen auf demselben Blatt oder in einer paratextuellen Rahmung anderer Grafeme durch Briefumschlag-Zusätze.[31] Die Darstellung Laurents als Pfau-Dame stellt dabei eine gleichermaßen scherzhaft-ironische wie galante und zärt-

---

31   Vgl. die Beispiele in Ortlieb: Weiße Pfauen, Cover, Backcover, S. 4, 6, S. 94 f.

liche Annäherung an eine unerreichbare und doch ständig nahe, verehrte Frau dar; moderne Verkehrsmittel wie die Eisenbahn von Paris nach Melun und von Melun nach Fontainebleau versprechen eine vergleichsweise schnelle Überwindung räumlicher Distanz und machen doch offenbar die Abwesenheit der Geliebten stets quälend spürbar.

Bereits ein flüchtiger Blick in die spät veröffentlichten, lange geheim gehaltenen Briefe Mallarmés an Méry Laurent kann zudem an den zahlreichen Zug-Szenen dieser insistierenden, heute mit wenigen Ausnahmen nur noch monologischen Korrespondenz hängenbleiben. So bittet Mallarmé etwa noch im August und September 1893 mehrfach und in wiederkehrenden Formulierungen um Auskunft, ob sie, Méry, identisch sei mit einer ‹Dame in Weiß›, stehend, in einem vorüberfahrenden Zug, die er von ebendiesem Bahnhof Melun aus erspäht hat,[32] um schließlich mit Bezug auf einen avisierten Besuch einen Brief mit dem Ausruf «Tu es une personne inouïe.» (Du bist eine unglaubliche Person.) zu beginnen.[33] Denn, so der folgende Satz: «Quand le train te contient, il ne s'arrête pas; et quand il s'arrête, tu y manques.» (Wenn Du im Zug bist, hält er nicht an, wenn er anhält, fehlst Du.)[34] Trotz ihrer ungenauen Angaben sei ein Irrtum seinerseits beim misslungenen Abholen ausgeschlossen – es folgt eine buchstäblich minutiöse Auflistung der infrage kommenden Zugverbindungen Melun-Fontainebleau, einschließlich einer kleinen komischen Erzählung über die verzweifelten Versuche, von immer höher gestellten Bahnpersonen bis hin zum

---

32   Mallarmé: Brief an Méry Laurent, Valvins, Jeudi [10 août 1893], Donnerstag [10. August 1893], in: Mallarmé: Lettres à Méry Laurent, Nr. 122, S. 138.

33   Mallarmé: Brief an Méry Laurent, Valvins, Dimanche soir [3 septembre 1893], Sonntagabend [3. September 1893], in: Mallarmé: Lettres à Méry Laurent, Nr. 128, S. 143.

34   Ebd.

Bahnhofsvorstand Auskünfte über ihren – und Elisas! – Verbleib zu bekommen.[35] Für das Jahr 1888 bietet die Buchausgabe der Briefe an Méry Laurent jedoch insgesamt nur drei Briefe, darunter eine förmliche Einladung zum Diner für den Schriftsteller, Kritiker und Redakteur Édouard Dujardin, im Namen Laurents von Mallarmé verfasst, und nur einen einzigen Brief Mallarmés aus Valvins vom 2. Juni.

Dagegen sind mehrere Briefe aus dem Mai 1897 der Antizipation ihres Besuchs dort und dann, retrospektiv, überschwänglichen Beteuerungen des Glücks, das Méry Laurent nach Valvins gebracht habe, gewidmet, sodass die Zeichnung offensichtlich in diesen Kontext gehört. Bereits am 28. April 1897 berichtet Mallarmé, mit scherzhafter Übertreibung, er sei komplett mit grüner Farbe bedeckt, sogar der Mund, dem er den Pinsel überlassen musste, um sich ihr (hier) präsentieren zu können – und eine Anmerkung Marchals erläutert, es handle sich um Renovierungsarbeiten und die Vorbereitung ihres Besuchs.[36] Am 29. April, einem Donnerstag, fragt er, ob sie am kommenden Montag kommen möge,[37] schon am Samstag, 1. Mai, kündigt er an, am nächsten Tag nach Paris zu fahren, um dann jedoch bald wieder nach Valvins zurückzukehren,[38] am 9. Mai schreibt er entsprechend wieder aus Valvins von der Vorfreude auf ihren Besuch.[39] Am elften Mai bedauert er einen ‹Unfall› Élisas, beschreibt den Fortgang der (Maler-)Arbeiten und antizipiert die Umstände des Besuchs: Unterkunft bei Madame Perrier, drei kleine bretonische Kühe zu ihrer Verfügung – die Milch als köstliches Getränk, das

---

35 Ebd. Vgl. für die Fragen nach der ‹Dame in Weiß› ebd., Nr. 122 bis 127, S. 138–143.
36 Mallarmé: Lettres à Méry Laurent, Nr. 208, S. 213 f., S. 213, Anm. 5.
37 Ebd., Nr. 209, S. 214 f.
38 Ebd., Nr. 210, S. 215.
39 Ebd., Nr. 211, S. 216 f.

das ‹Land› zu bieten hat, ist ein wiederkehrendes Motiv der Briefe an Méry Laurent.[40]

Am 12. Mai schreibt er ihr schließlich, ohne Anrede und in nur wenigen Zeilen, mit Madame Perrier (bei der sie wohnen soll) sei nun alles vereinbart: «Tu n'as plus qu'à venir.» (Du brauchst nur noch zu kommen.)[41] In einer neuen Zeile folgt dann: «Je mets sur ce carton un baiser supplémentaire. / Ton / SM» (wörtlich: Ich setze auf diese Karte einen ergänzenden Kuss / Dein / SM).[42] Trotz der vermeintlichen Eindeutigkeit des deiktischen Hinweises mag sich dieser Hinweis auf die Ergänzung der knappen Nachricht durch die liebevoll gestaltete Zeichnung beziehen; die ‹Reise am / vom 12ten› wäre dann tatsächlich korrekt datiert, nämlich als Datum dieser karikaturartigen Antizipation der ersehnten Ankunft Méry Laurents am 12. Mai. Und bezeichnenderweise ist eine ihrer wenigen erhaltenen Antworten der knappe Satz «Remets avec chagrin voyage à huit jour embrasse tristement / Méry» (Verschiebe leider die Reise um eine Woche küsse / umarme traurig / Méry) in der Buchausgabe mit der Datierung 15. Mai versehen.[43] Gleichfalls am 15. Mai, einem Samstag, teilt sie jedoch knapp mit, welchen Zug sie nehmen wird, und bittet Mallarmé, sie abends am Bahnhof abzuholen,[44] am 18. Mai schreibt er begeistert, offensichtlich nach ihrer Abreise, ihre einzigartige Präsenz sei nun überall zu spüren etc.[45]

Fügt sich somit das kleine Blatt zweifellos harmonisch in diesen Austausch hoffnungsvoller und zugleich pragmatischer Mitteilungen über die bevorstehende Reise ein, die übrigens heute mit einem Nahverkehrszug in vierzig Minuten (von Paris

---

40   Ebd., Nr. 212, S. 217 f.
41   Ebd., Nr. 213, S. 218.
42   Ebd.
43   Ebd., Nr. 215, S. 219.
44   Ebd., Nr. 216, S. 220.
45   Ebd., Nr. 217, S. 220 f.

bis Avon / Fontainebleau) zu bewerkstelligen ist, so gibt die Reihung und nachträgliche Datierung der Briefe und Karten dennoch Rätsel auf. Dazu gehört vor allem das editorisch hinzugefügte selbe Datum von Reiseverschiebung und Ankunftsankündigung: Vermutlich aufgrund des Poststempels mit zwei Uhrzeiten präzisiert (und im Buch nicht weiter kommentiert), hätte Méry Laurent am Morgen des 15. Mai (8.30 Uhr) die Reise um eine Woche verschoben, deren Antritt sie am selben Tag am frühen Nachmittag (14.40 Uhr) für den späten Nachmittag / frühen Abend ankündigt. Wie das Beispiel zeigt, kann auch die vermeintlich exakte Rekonstruktion der historischen Umstände solcher poetischen Artefakte – selbstredend – nur zu einer mehr oder weniger indiskreten Annäherung an die Lebensweisen, Kommunikationsnetze und Gefühlsbeziehungen längst Verstorbener führen. Dennoch verspricht ebendiese erweiterte Lektüre solchermaßen auch neue Aufschlüsse über die Umstände poetischer Arbeit als Teil eines geselligen Lebens, das seinerseits deren Gegenstand und Thema ist.

III Dingliche Materialität in poetischer Abstraktion. Mallarmés Gedicht *Salut*, vormals *Toast*

Wie eingangs erwähnt, ist Méry Laurent auch in den anderen Abteilungen der posthum zusammengestellten Sammlung der *Vers de circonstance* omnipräsent. So ist auch ein Brief auf japanisch dekoriertem Papier an sie adressiert, begleitet von einem Billett, einer kleinen Karte mit einem vierzeiligen Versgedicht, und in einer der ‹schönen Japanerinnen› des weiträumigen Briefbogenmotivs sollte die Adressatin sich dem Text zufolge auch selbst wiedererkennen.[46] Zu den ungewöhnlichen Dingen, die im Nachlass Mallarmés erhalten sind, gehört auch eine sogenannte Schachtel, vielmehr deren Inhalt, zwölf zweisprachige Karten mit verschiedenen Bildmotiven, die Mallarmé eigenhändig gestaltet hat, um so, wie der Titel verspricht, ein einfaches und vergnügliches Erlernen der englischen Sprache zu ermöglichen.[47] Dass Mallarmé derart handwerklich an vorgegebenen Bildmotiven gearbeitet, selbst gezeichnet und mit Papier gebastelt hat, ist vor allem dann überraschend, wenn man ihn eigentlich als Verfasser von denkbar schwer zu verstehenden, verrätselten Vers- und Prosagedichten kennengelernt hat. Deren hoher Grad an Abstraktion und Mehr-

---

46   Mit den Implikationen dieser brieflichen Bildsprache in der Korrespondenz mit Méry Laurent habe ich mich im Rahmen eines Aufsatzes und eines Buchkapitels eingehender befasst, vgl. Cornelia Ortlieb: Mallarmés ‹japanisches Album›, in: Boris Roman Gibhardt, Johannes Grave (Hg.): Schrift im Bild. Rezeptionsästhetische Perspektiven auf Text-Bild-Relationen in den Künsten, Hannover 2018, S. 107–128 und Ortlieb: Weiße Pfauen, Kapitel 5.1.: Schrift im Bild und die Zeit der Darstellung. Mallarmés ‹japanisches Album›, S. 180–195.

47   Vgl. dazu eingehend Ortlieb: Weiße Pfauen, Kapitel 3.3: Schachtel, Blume, Uhr. Mallarmés Buch-Basteleien, S. 110–127.

deutigkeit basiert jedoch seinerseits auf Aspekten dinglicher Materialität, ihrer sprachlichen Evokation und Transformation, wie an einem sprechenden Beispiel kurz skizziert werden soll.

SALUT	GRUSS
Rien, cette écume, vierge vers	Ein Nichts, ein Schaum, keusch ein Gedicht,
A ne désigner que la coupe;	nur ein Willkommenstrunk, ein scheuer;
Telle loin se noie une troupe	Sirenen so im Schaumgischtfeuer
De sirènes mainte à l'envers	Oft wenden fern noch das Gesicht.
Nous naviguons ô mes divers,	Wir segeln, Freunde, banget nicht,
Amis, moi déjà sur la poupe	ihr alle steht, ich nah dem Steuer,
Vous l'avant fastuex qui coupe	am stolzen Bug der Abenteuer
Le flot de foudres et d'hivers	durch Schneesturm und Gewitterlicht;
Une ivresse belle m'engage	In schöner Trunkenheit kein Wanken,
Sans craindre même son tangage	ich fürchte nicht die schrägen Planken
De porter debout ce salut	und bringe aufrecht diesen Gruß:
Solitude, récif, étoile	Riff, Einsamkeit, der Sterne Regel
A n'importe ce qui valut	Und alles, was uns wert sein muß
Le blanc souci de notre toile.	Das Weiß, die Sorge unserer Segel.
Stéphane Mallarmé	Carl Fischer[48]

Das Sonett *Salut* hatte ursprünglich den englischen Titel *Toast*, weil es von einem solchen rituellen Gruß in geselliger Runde handelt, von erhobenen Gläsern und guten Wünschen – und damit sind auch die Übersetzungsmöglichkeiten für das einfache, alltägliche «Salut» skizziert: Gruß, Rettung, Heil.[49] Mallarmé hat

48 Stéphane Mallarmé: Salut / Gruß, in: Sämtliche Dichtungen, S. 8–9.
49 Unter seinem ersten Titel erschien das Gedicht am 15.02.1893 auf der Titelseite der Zeitschrift *La plume*, die das Bankett als siebtes einer Serie ausgerichtet hatte, Stéphane Mallarmé: Toast, in: La plume 92 (1893), S. 67. In der Buchausgabe seiner Gedichte, die erst ein Jahr nach Mallarmés Tod 1899 veröffentlicht wurde, eröffnet es nach dem Willen des Autors unter dem Titel *Salut* kursiv gesetzt nach Art eines Mottos als erstes Gedicht den Band, Stéphane Mallarmé: Salut, in: Les Poésies de S. Mallarmé. Frontispice de F. Rops, Brüssel 1899, S. 9. Die bis heute kanonische Übersetzung Carl Fischers gibt den Gedichttitel, notgedrungen vereindeutigend, mit «Gruß» wieder; damals wie heute ist das Wort als einfache, alltägliche Grußformel im Gebrauch (Stéphane

das Gedicht am 9. Februar 1893 als Vorsitzender eines Banketts der literarischen Zeitschrift *La plume* (Die Feder) vor einer Versammlung von jüngeren Schriftstellern vorgetragen. Die erste Veröffentlichung des Sonetts, eine knappe Woche später in ebendieser Zeitschrift, war ergänzt durch einen Bericht von diesem festlichen Treffen, das Gedicht somit immer schon als ein vormals adressierter und historisch eindeutig indizierter Sprechtext ‹unter Umständen› eingeführt.[50] Die mehrfache Bedeutung seines lakonischen Titels zeigt an, was das Sonett, unnachahmlich und unübersetzbar, auf engem Raum verdichtet entwerfen wird: die gesellige Runde, in der ein Sprecher das Glas zu einem Gruß und ‹Toast› hebt, der auch heutige Lesende und imaginär Teilnehmende wie ihre historischen Vorgänger, die (durchweg männlichen) Gäste des Banketts, gleichsam auf hohe See und in einen drohenden Schiffbruch führt.[51] Das klassisch-romanisch gebaute Sonett beginnt mit einer Negation, ausgerechnet an der

Mallarmé: Salut / Gruß, in: Sämtliche Dichtungen, S. 8 f.). Für die folgenden Ausführungen greife ich, teils in wörtlichem Zitat, auf meine vorigen Arbeiten zu diesem Sonett zurück, vgl. Ortlieb: Weiße Pfauen, Kapitel 2.1: Die Poesie in Schwarz-Weiß. *Salut / Gruß* S. 34–48, Cornelia Ortlieb: Ein Gruß der See. Mallarmés Toast und der Mineralbrunnen der Dichtung, in: Mario Gotterbarm, Stefan Knödler, Dietmar Till (Hg.): Sonett-Gemeinschaften. Die soziale Referentialität des Sonetts, Paderborn 2019, S. 191–208.

50   Roger Pearson sieht interessanterweise die Wahl der Sonettform zudem als Ergebnis von Mallarmés Anstrengungen, Texte für das Theater zu verfassen: «If poetry was to be a form of armchair theatre, then the principal and almost exlusive stage which Mallarmé chose for his intimate galas was, of course, the sonnet: until 1887 in its Petrarchan form, but after that predominantly in its Shakespearan form.» Roger Pearson: Mallarmé and Circumstance. The Translation of Silence, Oxford 2004, S. 144. Mit insgesamt 53 Sonetten sei Mallarmé so auch der größte Dichter von Sonetten in französischer Sprache, ebd., S. 146.

51   Jacques Rancière betont gleichfalls den Charakter eines «freundschaftlichen Gelegenheits-Trinkspruchs», den er sogar, etwas paradox, «formlos» und «umweglos» nennt, Jacques Rancière: Mallarmé. Politik der Sirene. Dt. v. Richard Steurer, Zürich 2012, S. 24, S. 23.

ersten Stelle des ersten Verses, im ersten Quartett: «Rien, cette écume, vierge vers / À ne designer que la coupe; / Telle loin se noye une troupe / De sirènes mainte à l'envers».[52] Das wäre in einer dürftigen Übersetzung etwa: «Nichts, dieser Schaum, jungfräulicher Vers / Zu bezeichnen nichts als die Schale / Von weitem nähert sich ein Heer / Von Sirenen rücklings verkehrt».[53] Die Schale, in der Champagner schäumt, ist somit zugleich das Meer, in dem die Sirenen in diesem eindringlichen Bild (in sich) *verkehrt* untertauchen, und ebendieses Wort «envers» (verkehrt) ist nur einen Buchstaben-Laut entfernt von *enfer*, Hölle, ein Nicht-Ort, auf den das erste beunruhigende «Rien» («Nichts») ja schon verweisen kann.

Dass ausgerechnet am Versende, also am Rand und zugleich gerade noch innerhalb von Vers und Zeile, eine Pointe aus der Zusammenfügung von *en* (im) und *vers* (Vers) gebildet wird, ist über das Wortspiel hinaus ein beiläufiger Hinweis auf Mallarmés einzigartige Kunst solcher Verdichtung und Vermehrung von Sinn und Bedeutung. Dazu gehören häufig auch ihrerseits mehrdeutige kulturhistorische Anspielungen: Das Paradox der sich selbst ertränkenden Sirenen zitiert die griechische Sage, in der sie diesen Untergang wählen, weil Orpheus sich als der bessere Sänger erwiesen hat – wie womöglich auch dieser Sprecher in einen solchen (klassischen) Wettstreit eintreten will.[54] Die Mischwesen,

---

52 Stéphane Mallarmé: Salut. Gruß, in: Sämtliche Dichtungen, S. 8 f. Stéphane Mallarmé: Salut. Gruss, in: Gedichte, S. 32 f.

53 Fischer übersetzt mit offensichtlich den Formvorgaben geschuldeten Abweichungen vom Wortsinn: «Ein Nichts, ein Schaum, keusch ein Gedicht, / nur ein Willkommenstrunk, ein scheuer, / Sirenen so im Schaumgischtfeuer / oft wenden fern noch das Gesicht». Mallarmé: Salut. Gruß, in: Sämtliche Dichtungen, S. 9. Goebel übersetzt: «Nichts, dieser Schaum, der reine Vers / Nur Bezeichnung der Form des Kelches: / So ertränkt sich fern eine Herde / Von Sirenen, rückwärts zumeist». Mallarmé: Gruss, in: Gedichte, S. 33.

54 Goebel betont, es werde «auf eine ganz bestimmte mythische Fahrt angespielt: die der Argonauten, genauer ihre Heimfahrt, die am Sire-

hier offenbar, wie so oft im 19. Jahrhundert, Wasserfrauen, deren Leib so weiß und durchscheinend ist wie der Schaum von Champagner und Meer, sind im unschuldig weißen Vers – *vierge vers* – schon antizipiert, der sich am Ende entsprechend gleichfalls auf sich selbst zurückbiegt. *La coupe* ist zugleich auch das Substantiv zum Verb *couper* (schneiden), das hier genau am Verseinschnitt steht; die prächtige Vorderseite des Schiffs durchschneidet dieser Bildvorstellung zufolge das weiß erleuchtete winterliche Wasser. Dabei ließe sich an ein Schiff denken, das, wie üblich, an seiner Front mit einer geschnitzten weiblichen Gestalt verziert ist, hier mit einer ganzen Gruppe oder Schar von Sirenen, von denen manche entsprechend der Bewegung des Schiffes somit rückwärts ins Wasser tauchen. Das Gedicht spricht allerdings präziser nicht vom erwartbaren Eintauchen dieser (hölzernen) Gestalten, sondern von der plötzlichen (lebendigen) Bewegung ihres delphinartigen Untertauchens.[55] Die Freunde und Mit-Trinkenden sind situativ und symbolisch angesprochen im Bild einer Mannschaft von kühnen Seefahrern, die gegen den drohenden Untergang kämpfen müssen – die Schriftsteller der zweiten symbolistischen Generation, die beim Bankett versammelt waren, sollten demnach vorneweg streben, als *Avantgarde* womöglich.

Im vierten Vers des zweiten Quartetts «Le flot des foudres et d'hivers» ist wiederum unnachahmlich variiert, was das

nenfelsen vorbeiführte. Anders als in der Odyssee begleitete der prototypische Dichter selbst, nämlich Orpheus, die Argonauten: durch seinen Gesang bezwang er die Sirenen, die sich daraufhin in den Abgrund stürzten.» Goebel: Kommentar, in: Mallarmé: Gedichte, S. 293. Vgl. Robert Ranke-Graves: Griechische Mythologie, Reinbek bei Hamburg 1984, § 154 d.

55 Eben dieses sprunghafte Untertauchen in der Ferne widerspricht auch der Überlieferung der Argonauten-Sage, wonach die Sirenen sich auf den Grund des Meeres stürzten und in Felsen verwandelt wurden, vgl. Peter Gan: Notizen zu Fritz Usingers Mallarmé-Übersetzung, in: Gesammelte Werke, hg. v. Friedhelm Kemp, Göttingen 1997, Bd. 1, S. 317–336, hier: S. 320.

19. Jahrhundert an Schiffbrüchen und Untergängen in der Beschwörung des Meers als Schlund und Abgrund[56] unzählige Male figuriert hat, doch jenseits der sonst üblichen Bildformeln. Denn diese Flut aus Blitzen und Wintern, wie es wörtlich heißt, ist zugleich ein passender, wenngleich leicht schiefer Ausdruck für ein schlimmes Unwetter auf dem Meer, und, in der Genitivmetapher, ein unübersetzbares (Sprach-)Bild der drohenden Gefahr, die wieder sozusagen mehrfach weiß gefärbt ist – weißes Blitzlicht, Schnee und Eis der Winter im Plural, eine weiße Flut. Die beiden Terzette bereiten, wiederum klassisch, die Schlusspointe vor: Der Sprecher fühlt sich vom Schwindel ergriffen, er taumelt, Einsamkeit, Riff und Stern drohen – vieldeutige Vokabeln, mit denen ein Schiffbruch angedeutet ist, auch der alte griechisch-römische Mythos vom Helden, der nach seinem Tod als Sternbild am Himmel zu sehen ist.[57] Am Ende geht jedoch offenbar alles gut aus, wie der lapidare Kommentar «A n'importe ce qui valut» (Wem auch immer das wert ist) andeutet, der sich allerdings auf die ungewöhnliche Formulierung «Le blanc souci de notre toile» (Die weiße Sorge unseres Tuchs) bezieht.[58]

Ununterscheidbar verbinden sich so im zweiten Teil der letzten Genitivmetapher auch die drei Ebenen des Gedichts, das programmatisch von der Gemeinschaft eines Dichterbanketts, von der Seefahrt als wirkmächtigem Symbol und klassischer Al-

---

56   Mit dieser Formel fasst Ralph Ubl das (romantische) Meer der Gemälde Eugène Delacroix', vgl. Ralph Ubl: Eugène Delacroix. Mit dem Meer malen, in: Hannah Baader, Gerhard Wolf (Hg.): Das Meer, der Tausch, und die Grenzen der Repräsentation, Zürich, Berlin 2010, S. 75–99.

57   Die Versatzstücke dieser Schiffbruchdarstellung finden sich allesamt, wie oben angedeutet, wieder in Mallarmé: *Un coup de dés, Ein Würfelwurf*. Rancière bezeichnet entsprechend das Sonett in gewollter Verkürzung als «so etwas wie seine [dessen] Zusammenfassung», Rancière: Mallarmé, S. 19.

58   Mallarmé: Salut. Gruß, in: Gedichte, S. 32.

legorie menschlichen Lebenskampfs und vom Schreiben handelt:
Die «Sorge», auch die des instantan Sprechenden, gilt dem Segel,
dem Tuch oder auch dem Leinen und rekurriert entsprechend
auch auf das im Sprechmoment (einst) real präsente Tischtuch
des Banketts. Die Angesprochenen werden so auch wieder in das
Hier und Jetzt des Gedichts in seinem realen Sprechakt und Auf-
führungsmoment zurückversetzt, als solche, die jeden Tag gegen
eine andere drohende Weiße ankämpfen, manifestiert auf und
im leeren Blatt Papier.[59] Dessen reales und zugleich symbolisch
vieldeutiges Weiß ist wiederum zugleich als Qualität physisch-
materiell existierender (Schreib-)Materialien lesbar und als
Chiffre für Abstraktion und Transzendenz, luftig-leicht vereint wie im Schaum des Champagners und des Meeres, in dem,
sprachlich und imaginär, die weiß-durchsichtigen Leiber der
Sirenen unsichtbar werden.[60]

59 «Jede Schreibhemmung, jeder writer's block, beginnt mit einer weißen Seite, einem leeren Blatt, einem blanken Bildschirm.» Thomas
Macho: Shining oder: Die weiße Seite, in: Wolfgang Ullrich, Juliane
Vogel (Hg.): Weiß, Frankfurt a.M. 2003, S.17–28, hier: S.17. Vgl. zu
den vielfältigen Figurationen von Weiß und des Weißen die differen-
zierten Beiträge des Bandes.
60 Einmal mehr lädt der Vers somit dazu ein, über die Implikationen der
Farbe Weiß und der ‹weißen Seite› nachzudenken, die für die französische Literatur seit der Romantik in einer neueren Studie weiträumig diskutiert werden, vgl. Lars Schneider: Die page blanche in der
Literatur und bildenden Kunst der Moderne, Paderborn 2016. Schneider spricht etwa von einem «Bestand der abendländischen Bildsprache», für die Farbe, die nach Leonardo da Vinci und Isaac Newton alle
anderen enthalten soll; sie sei als «eine absolute Metapher für einen
primordialen Status, der alles irdisch Gestalthafte enthält ohne selbst
irdisch gestalthaft zu sein» einzusetzen. Ebd., S.20. Auf die zentrale
Stellung des weißen Blatts – interessanterweise neben dem Rauchen
von Zigaretten und Zigarren – in der «Mallarmé-Ikonographie» hat
Barbara Wittmann hingewiesen, vgl. Barbara Wittmann: Gesichter
geben. Édouard Manet und die Poetik des Porträts, München 2004,
S.216.

IV Gefaltete Verse in luftiger Bewegung. Mallarmés Fächergedichte

Überwiegend aus Papier gefertigt sind auch die Gegenstände, die im Zentrum der folgenden Überlegungen stehen werden und im posthum erschienenen Buch von 1920, wie eingangs erwähnt, eine eigene Gruppe mit dem Titel *Éventails* (*Fächer*) bilden. Wenn Mallarmé in den Briefumschlaggedichten ‹nur› das standardisierte vierzeilige Adressenformat französischer Postvorgaben für die optisch kaum merkliche Umwandlung in ein Versgedicht nutzt, so bleibt der Dingcharakter des Schriftträgers davon weitgehend unberührt: Der Brief ist weiterhin Teil jener Praktiken des Versendens und Zustellens, die seine Bedingung der Möglichkeit bilden. Ebendiese Umstände des zeitgenössischen Postwesens werden jedoch zugleich in den meist wie leichthin dahingesagten Versen eigens zum Thema und mithin selbstreflexiv verdoppelt, wenn etwa in einem beliebig gewählten Beispiel der Postbote aufgefordert wird, egal mit welchem Verkehrsmittel – mit Tram, Kutsche oder Fähre – schnell eben diesen Brief zu Georges Rodenbach, dem Dichterfreund zu bringen.[61] Auch ohne den (einst) physisch-materiell präsenten Schriftträger gegenständlich vor Augen zu haben, werden Lesende somit stets an die Realien solcher Praktiken und Dinge erinnert, die ihrerseits eigene Vorgaben für das Dichten machen.

Wie der Briefumschlag, so ermöglicht und begrenzt auch der Fächer zugleich, was auf ihm geschrieben werden kann; die erhaltenen Fächergedichte sind oder waren meist auf solche ge-

---

61 Stéphane Mallarmé: Va-t-en, messager, in: Mallarmé: Vers de circonstance · Verse unter Umständen, S. 13 f., Nr. 12.

falteten Papierfächer geschrieben, die das farbig gemusterte, halbrund geschnittene Papier auf einem passenden Gefüge aus dün-
nen Stäbchen montiert präsentieren. Das bewegliche Gestänge
aus feinen Holzstäben, die ihrerseits bemalt und verziert sein
können, oder auch aus kostbar schimmerndem Perlmutt, erlaubt
eine Reihe von Bewegungen, die historisch mehr oder weniger
ernsthaft auch zu einer eigenen ‹Fächersprache› codiert worden
sind. Mallarmés eigene reiche Fächersammlung demonstriert
zudem eindrucksvoll die Fülle möglicher Farb- und Motivkom-
binationen eines meist japanisch inspirierten Dekors, das zum
Ende des 19. Jahrhunderts in der industriellen Massenherstellung
des beliebten Gegenstands längst vielfach maschinell produziert
und kopiert wurde, einschließlich reinweißer Papierfächer zur
Beschriftung und Bemalung.[62] Sie wurden bei Einladungen als
Ersatz für die üblichen Gästebücher oder Sammelalben ausgelegt
oder für den künstlerischen Bedarf aus Japan importiert.[63]

Mallarmés Fächergedichte auf solchen halbrunden Fächern
mit senkrechten Falten im farbig verzierten Papier sind so Teil
eines überaus beliebten modischen Accessoires, das sie in ein je
einzigartiges fragiles Artefakt verwandeln, zugleich aber ihrerseits geradezu seriell hergestellt, für eine jeweils explizit benannte
Frau aus seinem näheren Umkreis. Während sich der Fächer im
Gedicht für Misia Natanson auch explizit als «aile du papier»
(Flügel aus Papier) bezeichnet,[64] variieren andere Fächergedichte

---

62 Vgl. zu Mallarmés Fächergedichten, seiner Fächersammlung und
    ihrem Kontext Philippe Rollet (Hg.): Rien qu'un battement aux cieux.
    L'éventail dans le monde de Stéphane Mallarmé, Ausst.-Kat. Vulaines-
    sur-Seine, Musée départemental Stéphane Mallarmé, Montreuil-sous-
    Bois 2009.
63 Ebd., S. 82, Nr. 44.
64 Der Fächer für Misia Natanson ist mit einem Vierzeiler beschrieben,
    der mit dem Vers: «Aile que du papier reploie» beginnt, also etwa:
    «Flügel aus nichts als gefaltetem Papier», ebd., S. 5. Vgl. für eine neue
    Übersetzung Mallarmé: Vers de circonstance · Verse unter Umständen,

das (Sprach-)Bild oder die *figura etymologica* des Flügels: Mal ist explizit von der Flügelspitze die Rede, mal vom Schlag, mal sind es die Federn, die benannt oder evoziert werden. Im französischen Namen des Fächers ist dieser andere Arm mit handähnlichen Enden, die vordere Extremität des Vogels, immer schon zu hören und zu sehen: Der letzten Silbe [évent]*ail* fehlt nur ein Buchstabe zu *aile* (dem Flügel), das wiederum klanglich ununterscheidbar ist von *elle* (sie).[65] Die ihr vorausgehende Silbe [é]*vent*[ail] entspricht als isoliertes Wort lautlich und (typo-)grafisch dem französischen Wort für Wind; beide zusammen ergeben demnach bereits fast einen Wind-Flügel. Das zugehörige Verb *éventer*, fächeln, findet sich auch im Adjektiv *éventé* wieder, das nicht nur ein schal gewordenes Getränk oder einen verflüchtigten Duft,

S. 66, Nr. 12. Jacques Derridas Überlegungen zur Faltung und zum Fächer knüpfen an dieses Verb an: «La polysémie des ‹blancs› et des ‹plis› se déploie et se réploie en éventail» (Die Polysemie / Vieldeutigkeit der ‹Weißen› und ‹Falten› entfaltet sich und faltet sich im Fächer), Jacques Derrida: La double séance, in: La dissémination, Paris 1972, S. 199–318, hier: S. 283. Während von Falten und Faltungen bei der Diskussion von Mallarmés Schreiben häufig im übertragenen, weiteren Sinn die Rede ist, verlangt ihre besondere Doppelung oder Vermehrung im und auf dem Schriftträger Fächer eine sorgfältige sprachliche Trennung der Ebenen, auch wenn eine solche, wie nicht zuletzt Derrida nachdrücklich gezeigt hat, auch im diskursiven Sprechen stets nicht lange durchgehalten werden kann.

65   Vgl. zur Untrennbarkeit der Sinneseindrücke und einer Entzifferungskunst, die Schriftbilder und Klangeffekte gleichermaßen berücksichtigt, Kurt Weinberg: Ô Rêveuse / Eau Rêveuse. Zu Mallarmés *Autre Éventail de Mademoiselle Mallarmé*, in: Romanistisches Jahrbuch 33 (1982), S. 134–147, etwa diese grundsätzliche Bemerkung: «Dem Auge fällt die doppelte Rolle zu, sowohl die in Metaphern und Metonymien verborgenen Bilder als auch noch den etwaigen ‹Hieroglyphen›-Gehalt in der bloßen Gestalt von einzelnen Buchstaben und Interpunktionszeichen zu entdecken, während das Ohr dem gedruckten Wort ebenso sehr Rhythmen, Klangfarben, Kalauer, Paronomasien wie auch homophone Unterströmungen ablauscht, die den Sinn des Oberflächentextes kontrapunktieren, ihn erhöhen, und ihm gelegentlich widersprechen», ebd., S. 139.

sondern auch einen windigen Ort benennen kann, einen *lieu éventé*. Im Anlaut des Wortes ist also bereits eine homonyme Analogie von Fächer und Flügel enthalten: Beide sind dazu geeignet, mit leichtem Schlag Luftzüge auszulösen, sanften Wind. Als klassische Metapher kann das Sprachbild des Flügels somit auf eine Reihe von optischen und strukturellen Ähnlichkeiten zwischen Fächern und Flügeln verweisen. Es hat aber auch eine materiale Grundlage, denn seit jeher werden Fächer unter anderem aus Vogelfedern hergestellt, darunter besonders prominent die prächtige Pfauenfeder.[66] Das Halbrund des typischen aufgeklappten Faltfächers entspricht den zum ‹Rad› aufgestellten Federn, mit denen der männliche Pfau wirbt und droht; das allmähliche Schlagen des Rads kann wiederum dem Aufklappen eines aus einzelnen Segmenten montierten Fächers ähneln, sodass die Pfauendame Méry Laurent gleichsam auch in allen anderen Fächern still präsent ist.[67]

Solche mehrdimensionalen Verse verlangen entsprechend auch andere Lektüren, die insbesondere die je eigentümliche Materialität des Fächers als Ding und Schriftträger in den Blick nehmen, wie ein extremes Beispiel unübersehbar deutlich macht. Ein einstmals silberner Fächer ist im Lauf der Zeit stark nachgedunkelt und unterdessen fast komplett schwarz angelaufen; seine rote

---

66 Die Ausstellung *Fächerflirt* im Münchener Stadtmuseum (15.07.2011–08.01.2012) hat, bedauerlicherweise ohne Katalog oder Dokumentation, eine ganze Reihe solcher Fächer präsentiert, die nach Art von Jagdtrophäen im 19. Jahrhundert noch aus kunstvoll beschnittenen und vernähten Federn von Wildvögeln hergestellt wurden, häufig auch in eindrucksvollen Kombinationen von Farben und Mustern. Verwendet wurden beispielsweise die Federn von Fasan, Auerhahn und Adler, später auch die dann massenhaft verarbeiteten unterschiedlich gefärbten Straußenfedern.

67 Für diesen Absatz und einen Teil der Anmerkungen habe ich, teils wörtlich, meine Ausführungen in Ortlieb: Weiße Pfauen, S. 84–86 zitiert.

Aufschrift ist auch auf hochauflösenden digitalen Fotografien kaum noch zu erkennen.[68] Nicht nur aufgrund seiner prominenten Adressatin, der Fächerbesitzerin Marie Mallarmé, seit 1863 die Ehefrau des Dichters und Mutter seiner beiden Kinder, ist das Gedicht mit dem schlichten Titel *Éventail (Fächer)*, gelegentlich mit dem Zusatz *de Mme Mallarmé (von Madame Mallarmé)*, früh kanonisiert worden und hat auch Eingang in verschiedene Sammlungen der veröffentlichten Gedichte Stéphane Mallarmés gefunden.[69] Sämtliche Fächergedichte der Buchausgabe der *Vers de circonstance* bestehen lediglich aus vier Versen, die wiederum typischerweise je acht Silben aufweisen. Die zwei bekannten Fächergedichte für Ehefrau und Tochter sind als Sonette oder mit fünf vierzeiligen Strophen dagegen jeweils auf den ersten Blick als Varianten innerhalb einer besonders etablierten westeuropäischen Dichtungstradition zu erkennen und entsprechend gleichsam Hybride: Auf gefaltete Papierfächer geschrieben, sind sie Teil einer Serie von insgesamt einunddreißig bekannten Fächergedichten für Frauen aus dem Umkreis des Dichters, als (transformierte) Sonette gehören sie zugleich, wie *Salut (Gruß)*, einer anderen prominenten historischen Ordnung an.

Um die gattungstheoretische Verwirrung komplett zu machen, sei noch hinzugefügt, dass auch die *Vers de circonstance*-Ausgabe eine Abteilung *Sonnets*, *Sonette* mit fünf Gedichten enthält, darunter ein offensichtlich erotisch aufgeladenes Gedicht mit dem Widmungstitel *A M*, *Für M*, im atypischen Format aus drei Quartetten mit einem Doppelvers am Schluss, das an Méry

---

68   Fächer von Marie Mallarmé mit Gedicht Stéphane Mallarmés, Ortlieb: Weiße Pfauen, S. 27, Abb. 2.

69   Stéphane Mallarmé: Éventail (de Madame Mallarmé). Fächer (von Madame Mallarmé), in: Sämtliche Dichtungen, S. 76 f., Stéphane Mallarmé: Éventail (de Madame Mallarmé). Fächer (für Madame Mallarmé), in: Gedichte, S. 104–105.

Laurent gerichtet ist.[70] Auf einem Zettel von Mallarmés Hand mit seiner markanten Signatur der doppelten, ineinander verschlungenen Initialen SM überliefert, beginnt dieses Sonett mit den Versen «L'aile s'évanouit et fond / Des Cupidons vers d'autres nues» – «Der Flügel schwindet und verschmilzt / Putten mit anderen Wolken weiß», und dürfte entsprechend einstmals auch auf einem Fächer gestanden haben, der womöglich mit den zitierten (Amor-)Putten geschmückt war.[71] Dass Ehefrau und (imaginierte) Geliebte den selben Namen Maria (in Abwandlungen) tragen, der zugleich im katholischen Kontext der implikationsreichste weibliche Name überhaupt ist, gibt etlichen Gedichten mindestens einen Subtext, den eine einlässlichere Untersuchung eigens zu bedenken hätte, zumal angesichts der bereits im *Salut*-Gedicht auffälligen und in Mallarmés Kunst omnipräsenten Umkreisung des reinen, ‹jungfräulichen› Weiß.[72]

---

70 Mallarmé: A M, in: Mallarmé, Vers de circonstance · Verse unter Umständen, S. 253, Nr. 2, Abbildung der Handschrift ebd., S. 252.

71 Ebd.

72 Über den Charakter der Beziehung Mallarmés zu Laurent ist entsprechend stets mehr oder weniger diskret spekuliert worden. Angesichts der zahlreichen explizit körperbezogenen, scherzhaft-galanten bis erotischen Gedichte zu Anlässen und Gelegenheiten und ihrer schieren Fülle liegt es nahe, an eine für das 19. Jahrhundert auch typische Aufteilung der Gefühle für Ehefrau und Geliebte zu denken, zumal angesichts herrschender Vorurteile gegenüber Künstlerinnen, die wie Laurent mit Schauspiel, Tanz und Modellfotografie körperbetonte Kunstformen ausübten. Die misogyne Geringschätzung dieser Kunstformen und die Unterstellung ihrer Nähe zur Prostitution trifft noch Schauspielerinnen des 20. Jahrhunderts und klingt bis heute in biografischen Erläuterungen zu Laurent an. Ein freilich nicht rundum zuverlässiger Zeitzeuge, der Schriftsteller Joris-Karl Huysmans, überliefert in einem seiner geheimen Notizbücher jedoch, angeblich wortgetreu, Méry Laurents temperamentvollen Widerspruch gegen ihre vorschnelle Einordung als erotische Partnerin des Dichters: «Non, non! Jamais – Et il se croit propre! – je l'aime beaucoup et ce qu'il me dégoûte – Je me mettrai au feu pour lui, mais quant à ça, jamais! – il

Das Sonett *Éventail (de Mme Mallarmé)*, *Fächer (von Mme Mallarmé)*, steht somit in mehrfacher Hinsicht für eine ganze Serie und kann entsprechend an die gattungsbildenden Liebesgedichte Francesco Petrarcas für die stets abwesende, sehnsüchtig umkreiste junge Laura erinnern. Die mittelalterlichen Variationen eines solchen Werbens oder ‹Minnens› sind gleichfalls typischerweise einer verheirateten Dame gewidmet, sodass Mallarmés Sonett für die Ehefrau beide Traditionen romanischer Liebesdichtung gleichermaßen zitiert oder wieder aufnimmt und auch die adressierte Frau schemenhaft zu erkennen gibt. Mit der Eheschließung hatte die gebürtige Deutsche einen doppelten Namenswechsel vollzogen: Aus Christina Maria Gerhard wurde Marie Mallarmé.[73] Bereits als junge Frau war sie das Wagnis eines Künstlerlebens in London eingegangen und hatte, nach langen Jahren in der französischen Provinz, mit dem Umzug nach Paris jenen Dienstagnachmittag-Salon etabliert, der schließlich

en souffre – et il ne comprend pas.» – Nein, nein! Niemals – Und er glaubt von sich, er wäre reinlich! – ich liebe ihn sehr, aber wie sehr er mich abstößt – Ich würde [werde] mich für ihn ins Feuer werfen, aber das: niemals! Er leidet darunter – und er versteht nicht. Joris-Karl Huysmans: [Grünes Heft], Abschrift von Pierre Lambert, hier zit. n. Marchal: Préface, in: Mallarmé: Lettres à Méry Laurent, S. 9–26, hier: S. 21. Da «mettrai» hier im Futur steht, müsste ihre Aussage eigentlich lauten, sie werde sich für ihn ins Feuer werfen; plausibler ist es, sie im Konjunktiv ihre – zeitlich ungebundene – entsprechende Bereitschaft anzeigen zu lassen. Huysmans notiert zudem, womöglich boshaft überspitzt, sie habe ihm gegenüber von Mallarmés zerrissenen Flanellhemden und schmutzigen Laken gesprochen, die sie angewidert hätten; Marchal fügt salomonisch hinzu, man könne über dieses angebliche Geständnis Verschiedenes denken, aber immerhin sei die Sprecherin nicht umsonst die Tochter einer Wäscherin, ebd.

73 Eine neue Studie würdigt erstmals eingehend, mit vielen bislang unbekannten oder wenig beachteten Quellen diese ungewöhnliche Frau und ihren besonderen Lebensweg, vgl. Gordon Millan: Marie Mallarmé. Le fantôme dans la glace, Paris 2019.

Abb. 2: Silberner Fächer von Marie Mallarmé mit Gedicht von Stéphane Mallarmé

zu den berühmten ‹Abenden› ihres Dichter-Ehemanns verlängert wurde.[74]

Marie Mallarmés Fächer, der sich auf das Jahr 1891 datieren lässt, ist schon aufgrund des versilberten Papiers ein besonders kostbar anmutender Gegenstand. Mit weißen Gänseblümchen geschmückt, hat er einstmals weiß-glänzend changierende Flächen geboten, die in der üblichen Leserichtung westeuropäischer Schriften von links nach rechts erst aufsteigend, dann absteigend mit den jeweils blockförmigen Verszeilen in roter Tinte oder Tusche beschriftet wurden. Diese rechteckigen Schriftblöcke stehen buchstäblich quer zu den gleichfalls an längliche Rechtecke erinnernden Fächerfalten. Der Eindruck von Kostbarkeit, Seltenheit und Einzigartigkeit wird offensichtlich durch bestimmte Effekte des Materials hervorgerufen, doch auch ein solch außergewöhn-

74   Vgl. Millan: Marie Mallarmé, S. 97 ff.

licher Fächer gehört zu den massenhaft produzierten Artikeln, die im Rahmen eines neuen Handels mit japanischen – oder japanisch anmutenden – Dingen weit verbreitet und verhältnismäßig preisgünstig zu kaufen waren.[75] Das Sonett aus drei Quartetten und einem Schlusscouplet, einem Doppelvers am Ende, gibt von Anfang an zu erkennen, dass solche Realien zeitgenössischer Warenproduktion in einer besonders verdichteten Bildsprache gleichsam immer schon transzendiert und zugleich stets präsent sind, wie eine notwendigerweise verkürzte Analyse nun zeigen kann.

Die erste Strophe, vielmehr der erste Viererblock der Verse, lautet, vielzitiert: «Avec comme pour langage / Rien qu'un battement aux cieux / Le futur vers se dégage / Du logis très précieux.»[76] Jedes einzelne der parataktisch gereihten Postulate hat eigene programmatische Implikationen, die sich in einen einzigen Prosasatz übersetzen ließen: Mit nichts als Sprache, als ein Schlag zu den Himmeln, löst sich der künftige Vers von seinem sehr kostbaren Ort.[77] Der künftige Vers kann so aus dem Mund der Fächerbesitzerin kommen, die ihn vorlesend spricht, darauf mag die Farbe der Aufschrift anspielen, die das Rot der Lippen oder deren eigenen Schmuck, die Schminke, zitiert. Auf die selbst-reflexive Wendung zum Sitz der Verse auf dem Grund

---

75 Bereits in London, dem Ausgangsort für den europäischen Handel mit Japan-Gütern in den 1860er Jahren, wurden japanische Wohnaccessoires, kunstgewerbliche Gegenstände und Schmuckstücke in Kaufhäusern verkauft; bis zum Ende des 19. Jahrhunderts und im Zug der französischen Japanbegeisterung hatte der Handel sich vervielfacht, vgl. die Beiträge in Irvine (Hg.): Der Japonismus und die Geburt der Moderne.

76 Mallarmé: Éventail (de Madame Mallarmé), in: Gedichte, S. 104.

77 Goebel übersetzt: «Mit gleichsam als Sprache gar nichts / Als Flügelschlag himmelwärts / Befreit der künftige Vers sich / Aus dem sehr kostbaren Heim.» Mallarmé: Fächer (für Madame Mallarmé), Gedichte, S. 105.

eines außergewöhnlich reich geschmückten Fächers wird dabei noch zurückzukommen sein.

Die zugrundeliegende Form der Vers-Anordnung ist, wie sich beim Weiterlesen zeigt, die eines Sonetts nach dem Muster William Shakespeares, das allerdings hier auseinandergezogen ist zu drei *quatrain*-Blöcken und dem typischen Schlussvers-Doppel statt des dort üblichen Blocks aus zwölf Versen mit abgesetztem Doppelvers am Ende. Buchstäblich de-konstruiert ist somit aber auch dieses Schreibformat einer Liebesdichtung, die bei Shakespeare um bestimmte thematische Schwerpunkte, wie etwa die Fruchtbarkeit von Natur und Frau oder den Kampf gegen die alles zerstörende Zeit, zentriert ist. Das Fächergedicht wird dagegen in der Selbstreflexion zugleich zur Allegorie seiner selbst, und Mallarmé radikalisiert so auch eine Schicht derjenigen Shakespeare-Sonette, die gleichfalls in eindrucksvoll plastischen Bildern das poetische Schreiben allegorisch verhandeln.[78] In der zweiten Strophe des Fächersonetts sind beide Ebenen in eins gesetzt: «Aile tout bas la courrière / Cet éventail si c'est lui / Le même par qui derrière / Toi quelque miroir à lui», etwa: Flügel ganz unten die Botschaft / Dieser Fächer, wenn er es ist / Der selbe durch den hinter / Dir ein Spiegel ist für ihn.[79] Metonymisch als Flügel benannt, ist es somit er, der Fächer, der sich niedersinken lässt, hinter dem sie, seine bislang von ihm verborgene Trägerin, zum Vorschein kommt. Unmissverständlich spricht der erste Vers aber auch davon, dass mit solchen Fächerbewegungen in der französischen Salonkultur um 1900 codierte ‹Botschaften› lesbar wurden.

So zeigt eine illustrierte Postkarte mit dem sprechenden Titel *Correspondance aérienne / Briefwechsel durch die Luft* oder

---

78 Ortlieb: Weiße Pfauen, S. 27.
79 Mallarmé: Éventail (de Madame Mallarmé), in: Gedichte, S. 104, meine Übersetzung, CO.

Verbindung auf dem Luftweg von 1901 die gegenüber früheren Zeiten deutlich vereinfachte «langage de l'éventail», Fächersprache: Das mittlere, den Seheindruck dominierende Bild ist die Zeichnung der Augenpartie einer Dame über dem offenen Papierfächer, der in der rechten Hand offenbar dicht vor dem Gesicht gehalten wird, mit der Unterschrift «Je suis seule» (Ich bin allein), links oben sind auf einem kleineren Bildausschnitt Nase, Wangen und Mund über dem Fächerrand zu sehen, für die unüberbietbare Botschaft: «Je t'aime» (Ich liebe dich).[80] Das Senken des Fächers übermittelt so einerseits eine Mitteilung und verkörpert sie zugleich, Medium und Botschaft fallen im Moment der Handbewegung zusammen. Eben dies artikuliert nochmals die Schlusspointe in zwei Versen, die ganz an den rechten Rand des Fächers geschrieben und von den drei vorigen Block-*quatrains* deutlich nach unten abgesetzt sind, in größtmöglicher Nähe zur rechten Hand der Trägerin: «Toujours tel il apparaisse / Entre tes mains sans paresse», wörtlich: Immer erscheint er so / Zwischen deinen Händen ohne Faulheit.

Der auffällige ‹Niedergang› von Stil und Ausdruck im unpoetischen letzten Wort ließe sich, wie so oft, als Tribut an einen selbstauferlegten Reimzwang lesen, womöglich aufgrund der Unersetzlichkeit des Verbs «apparaisse» (erscheint), das im sprachlichen Kosmos Mallarmés große Bedeutung hat. Es erlaubt aber auch einen Wechsel der Tonlage, der für diese scherzhaft-galanten Gedichte typisch ist. Dagegen zeigt die etwas rätselhafte dritte Strophe, wie häufig bei Shakespeare, eine im Liebesdialog aufscheinende Auseinandersetzung mit der Vergänglichkeit (der Liebe und alles Irdischen) an: «Limpide (où

---

80 Anne Ferrette: L'éventail dans la presse de la seconde moitié du XIXe siècle à 1905, in: Rollet (Hg): Rien qu'un battement, S. 9–25, hier: S. 11. Vgl. für das Folgende, teils im wörtlichen Zitat, Ortlieb: Weiße Pfauen, S. 28.

va redescendre / Pourchassé en chaque grain / Un peu d'invisible cendre / Seule à me rendre chagrin», wörtlich: Durchsichtig / wo wird wiederhinabsteigen / Gehetzt in jedem (einzelnen) Korn / Ein wenig unsichtbare Asche / Nur um mir Kummer zu bereiten.[81] Die enigmatischen Verse scheinen einmal mehr die unablässige, eilige Fächer- und Fächel-Bewegung nachzuzeichnen, mit unverkennbaren Anspielungen auf andere Formen der Bewegung nach unten, gar bis über den Tod hinaus, bis zum Asche-Werden – und der auch hier plötzlich andere Ton kann daran erinnern, dass 1879 der geliebte gemeinsame Sohn Anatole nach mehreren Krankheitsschüben im Alter von nur neun Jahren gestorben war. Marie Mallarmé soll von dieser Zeit an nur noch schwarze Kleider getragen haben, der Fächer-Spiegel enthält demnach auch dieses Schwarz des Todes.

Doch offensichtlich rekurriert das Gedicht hier auch einmal mehr auf den Schriftträger-Gegenstand selbst: «*Cet*» (*Dieser*) Fächer ist gemeint, wie es im zweiten Vers der zweiten Strophe hieß, dieser spezielle, in der Bewegung weiß-durchsichtig erscheinende Papierflügel, von dessen Silberschicht sich bei ständigem Gebrauch unablässig winzige Teilchen lösen, gleichsam «unsichtbare Asche» (Goebel) immer wieder niedergeht.[82] Und so naheliegend es ist, in der zweiten Strophe eine Salonszene evoziert zu sehen, mit einem Spiegel im Rücken der Fächerbesitzerin, so ist es doch hier eindeutig der silbrig-glänzende Fächer vor dem Gesicht, in dem sie sich gespiegelt sieht, so wie die spiegelnde Oberfläche zugleich ihr Gesicht gespiegelt aufgenommen zu haben scheint, «Toi quelque miroir à lui» (Du ein Spiegel für ihn).[83] Ent-

---

81 Mallarmé: Éventail (de Madame Mallarmé), in: Gedichte, S. 104.
82 Mallarmé: Fächer (für Madame Mallarmé), ebd., S. 105.
83 Goebel übersetzt dagegen: «Flügel nach unten zur Botschaft / Soll dieser Fächer wenn er / Derselbe ist durch den hinter Dir irgendein Spiegel schien». Ebd.

sprechend ist es selbstredend eine weitere Pointe, dass namentlich in dieser Strophe an die Stelle des grammatikalisch männlichen Fächers auch ein anderes männliches Subjekt und Objekt treten könnte, in wechselseitiger Spiegelung, wie sie gleichfalls zum Topos-Bestand europäischer Liebesdichtung gehört.[84]

---

84 Vgl. mit teils wörtlichen Übernahmen für diesen Absatz Ortlieb: Weiße Pfauen, S. 28.

V Blumen-Komplimente auf Fächerfalten.
Mallarmés Gedichte für Anna Rodenbach und Nelly Marras – und ein Billett (für Augusta Holmès)

Eng verdichtet finden sich diese Elemente geselliger Kommunikation, galanter Zuwendung und künstlerischer (Selbst-)Darstellung ohne solche Andeutungen eines engeren oder gar intimeren Verhältnisses auch auf einem japanisch verzierten Fächer für Anna-Marie Urbain, seit 1888 die Ehefrau des bereits eingangs genannten belgischen Dichters Georges Rodenbach, die in der rechten unteren Ecke mit einer Widmung entsprechend adressiert ist: «A Madame Georges R.» (Für/An Madame Georges R.) steht dort in roter Tinte und sorgfältig gemalten Buchstaben in Mallarmés gut lesbarer Schreibschrift, wobei die mehrdeutige Präposition «A» signalisieren kann, dass das Gedicht *an* sie gerichtet und der gesamte Fächer *für* sie gestaltet ist.[85]

Allerdings wechselt die Sprecherposition offenbar mehrmals innerhalb der üblichen vier Verse, die einmal mehr zunächst den Gegenstand und Schriftgrund, der sie trägt, zuallererst mit einer sprachlichen Zeigegeste einführen. Sie ist hier zugleich poetologische Metonymie, Kommentar und Zitat bekannter Bescheidenheitstopoi, mit einem deiktischen Auftakt: «Ce peu d'aile» (Dies wenige eines Flügels/Dieser geringe Flügel) soll nur dazu dienen, etwas zu verhindern, wörtlich: zu untersagen,

---

85 Fächer von Anna Rodenbach mit handschriftlichem Vierzeiler von Stéphane Mallarmé und Unterschriften von Stéphane Mallarmé, Pierre Puvis de Chavannes und James McNeill Whistler in Tinte auf Papier, Durchmesser 39,3 cm, in: Rollet (Hg.): Rien qu'un battement du ciel, S. 63, Nr. 31.

Abb. 3: Fächer von Anna Rodenbach mit Gedicht von Stéphane Mallarmé

nämlich die Belästigung seiner Trägerin durch, wiederum teils metonymisch, Qualm und Zigarrengeruch, bildlich und buchstäblich als Wolke und Tabak gefasst.[86] Im berühmten und vielschichtigen Porträt Édouard Manets hält Mallarmé in der rechten Hand, abgelegt auf verräterisch weißem Papier, eine qualmende Zigarre, sodass sich womöglich der Verfasser dieser ‹Vorschrift› auch mindestens in ihren Subtext mit-eingetragen hat, mit einer Wendung zur Adressatin nach den ersten beiden Versen: «Ce peu d'aile assez pour proscrire / Le souci nuée ou tabac / Amène contre mon sourire / Quelque vers tu de Rodenbach.»[87] – «Dies

---

86 Mallarmé: A Madame Georges Rodenbach, in Vers de circonstance ·
    Verse unter Umständen, S. 65, Nr. 8.
87 Fächer von Anna Rodenbach mit handschriftlichem Vierzeiler von
    Stéphane Mallarmé, S. 63, Nr. 31. Vgl. zu Tabak und Rauch(en) auch
    den Hinweis in Anmerkung 60.

Flügelchen taugt zum Lindern / Der Not, ob vom Qualm, ob Tabak / Gegen mein Lächeln wird's bringen / Manch stillen Vers
von Rodenbach.»[88]

Im zweiten und dritten Vers spricht dann offenbar die Besitzerin, deren Lächeln hinter dem als Schutzschild aufgestellten
Fächer zeitweise verborgen ist, bei seinem neuerlichen Erscheinen aber nicht anders kann, als eine bewundernde, wenngleich
womöglich stumme Äußerung ihres antizipierten Gegenübers,
des Ehemanns, hervorzurufen, dessen Vers hier, wörtlich, ein
schweigender ist. Zugleich ist, paradox, ebendieser Vers auf dem
Fächer schon als «de Rodenbach» (von Rodenbach) zu sehen,
mit einer neuerlichen Ambiguität, denn diesen Namen tragen
ja gleichermaßen der dichtende Ehemann und seine hier – fiktiv – sprechende Frau, die somit in der Fiktion ebendieser beiden
Verse selbst zur Dichterin wird. Wie andernorts, ist auch hier
der gesamte Versblock in einer gleichermaßen respektvollen und
selbstbewussten Annäherung an das florale japanische Dekor in
den Weißraum des Fächers geschrieben, wobei er das schmü-
ckende Bildelement am Ende, ausgerechnet mit dem Namen,
der die Schlusspointe bildet, auch überschreibt. Die farblich so
auffällig gut passende rote Tinte für die schmalen Schriftzüge,
die gleichermaßen die feinen Linien der ihrerseits gefächerten,
stilisiert schmalen Blätter des Fächerbilds aufnehmen, überdeckt,
buchstäblich und implikationsreich, mit der Schlusssilbe «bach»
den bereits rot verzierten Schreibgrund. Auch dieses sprach-
lich-grafische Element ist sprechend: Eine gewisse Affinität zur
deutschen Sprache mag Mallarmé schon durch seine deutsche
Ehefrau gehabt haben, und seine Sensibilität für mehrsprachige
Mehrdeutigkeiten ist mindestens in den englisch-französischen

---

88   Mallarmé: A Madame Georges Rodenbach, S. 65.

Hybridgedichten des jahrzehntelang als Englischlehrer arbeitenden Dichters unübersehbar.[89]

So oder so liegt unter dem deutschen *Bach* nun sogar eine doppelte pflanzliche Struktur: Das kleine b überschreibt eine Kreuzung von aufwärts ragendem, schmalem grünem Blatt und fedrig herabhängenden roten Fasern, als blühten tatsächlich unter dem nährenden Wasser auch diese Pflanzen auf. In einigem Abstand finden sich zudem direkt unter diesen letzten vier Buchstaben des Gedichts oberhalb der schilfartigen grünen Blätter, dem Dekor des unteren Randes in der Mitte des Fächers, Mallarmés gleichfalls in roter Tinte zu einem verschlungenen Signet geformte Initialen SM, die wiederum ein Hybrid aus typischen Formen europäischer Künstlersignatur und dem üblichen, gleichfalls roten Stempel auf japanischen und chinesischen Drucken bilden.[90] Der verschlüsselte Dichtername hat so zugleich das letzte Wort und hat es nicht – und entsprechend ist es sinnfällig und interessant, dass im leer gebliebenen Weißraum rechts von Gedicht und Pflanzenbild zwei hochkant, von unten nach

89 Im unveröffentlichten Nachlass Mallarmés finden sich auch noch einige Arbeiten zur englischen Sprache und Grammatik, die offenbar im Rahmen bestimmter Publikationsprojekte auf der Suche nach anderen Einnahmequellen entstanden sind, aber auch die eingangs erwähnte einzigartige Schachtel mit zweisprachigen Kartons zum ‹kinderleichten› Erlernen der englischen Sprache auf der Grundlage des Französischen, Stéphane Mallarmé: L'Anglais Récréatif. Eigenhändiges Manuskript, Paris, Bibliothèque littéraire Jacques Doucet, Bertrand Marchal, Marie-Pierre Pouly (Hg.): Mallarmé et L'Anglais récréatif. Le poète pédagogue, Ausst.-Kat. Vulaines sur Seine, Musée départemental Stéphane Mallarmé, Paris 2014, vgl. Ortlieb: Weiße Pfauen, S. 110–126.

90 Vgl. zur Geschichte und Theorie der (europäischen) Künstlersignatur Karen Gludovatz: Fährten legen – Spuren lesen. Die Künstlersignatur als poietische Referenz, München 2011, zu Mallarmés Faszination für die grafische Gestaltung der (für ihn unlesbaren) Zeichensprache japanischer Fächer Marshall C. Olds: Under Mallarmé's Wing, in: FANA Quarterly, 19 (2001), Heft 4, S. 6–28.

oben gemäß der Faltenrichtung geschriebene Unterschriften in schwarzer Tinte den Text gleichermaßen verlängern und anders ‹zeichnen›. Hier findet sich zunächst der eigenhändige Schriftzug des von Mallarmé bewunderten Dichters Puvis de Chavannes, daneben oder darunter die Signatur des Malers James McNeill Whistler. Mit beiden Künstlern war Mallarmé in den letzten zehn Jahren seines Lebens, wie mit Georges Rodenbach, in verschiedenen Kooperationen und in freundschaftlicher Gemeinschaft eng verbunden.

Wiederum nach einigem weißem Leerraum findet man jedoch rechts unten zudem die bereits zitierte Widmung und Adressierung der Fächer-Besitzerin «Madame George R.», und es ist womöglich nicht nur die Vermeidung unpoetischer wörtlicher Wiederholung, die zu dieser im kalligrafisch geschwungenen R des Rest-Namens auffallenden Kürzung geführt hat. Denn gleichsam unter dem Strich der Fächerfalte, die diesen ‹Vers› optisch und physisch beschließt, findet sich eine zweite, ausführliche Signatur in roter Tinte, fast am äußersten Rand des Fächers: «Stéphane Mallarmé». Der solchermaßen mehrfach präsente Dichter zeichnet so letztlich für das gesamte komplexe Artefakt (verantwortlich), aber zugleich steht sein ausgeschriebener Name bei einer ‹japanischen› Lektüre und Betrachtung des kunstvoll verzierten Accessoires von rechts nach links buchstäblich an erster Stelle. Der jeweilige Auftakt seiner Verse bliebe in der dann vorletzten Falte des Papiers, direkt unter dem kostbaren oberen Goldrand, so bis zuletzt vor Augen.[91]

91 Für diese Ausführungen schließe ich an eine erste Fassung dieser Überlegungen an, die wegen des begrenzten Formats deutlich knapper ausfallen musste, vgl. Cornelia Ortlieb: O Träumerin, O Mallarmé ... Papierfächer und das Flügelspiel der Avantgarde. In: Zeitschrift für Ideengeschichte, 17 (2023), Heft 1, S. 105–115, hier: S. 109–111.

Sind auf dem Fächer für Anna Rodenbach die Gräser und Fasern in grüner und roter Farbe womöglich nicht mehr als typische Elemente floraler Muster auf solchen importierten oder nachgeahmten japanischen Papierfächern,[92] belegt doch ein anderes, wiederum besonders schönes Exemplar, dass auch die Elemente botanischen Wissens und seiner Nutzung oder Überformung in bestimmten kulturellen Codes für eine besondere poetische Bildsprache der Fächergedichte genutzt werden. Dabei können Pflanzen ohnehin in je verschiedenen Kontexten als ‹sprechend› auftreten; ein bis heute wirksamer Code erlaubt und verbietet etwa bestimmte Blumen-Gaben je nach Anlass, Verhältnis zur beschenkten Person und anderen gesellschaftlichen Normen. In ihren regional unterschiedlichen Namen verbergen sich womöglich bei weit verbreiteten Pflanzen je eigene Geschichten; ähnlich wie die historische ‹Fächersprache› kann auch die ‹Pflanzensprache› entsprechend nur bedingt als lexikalisiert oder allgemein bekannt vorausgesetzt werden.[93] Offenbar geht es bei den Fächern auch um Variationen des verborgenen Andeutens und stillen Entschlüsselns, der Anspielung und teils ironischen Andeutung, innerhalb eines nach wie vor vergleichsweise rigide geregelten Kommunikationszusammenhangs, der die einzelnen Sprechakte und Gaben eigentümlich zwischen öffentlich Sichtbarem und privat oder intim Verborgenem oszillieren lässt. Das Mitlesen anderer Personen ist offensichtlich besonders dort mitgedacht und antizipiert, wo die Fächer-Gabe im Rahmen anderer geselliger Formen der Begegnung steht, wie die häufige (noch-

---

92 Vgl. zur Fülle zeitgenössischer Vergleichsbeispiele nochmals Wichmann: Japonismus; zur Vielfalt solcher Papierarbeiten: Dominique Buisson: Japanische Papierkunst. Masken. Laternen. Drachen. Puppen. Origami, Paris 1992.

93 In Vorbereitung ist Isabel Kranz, Joela Jacobs (Hg.): Pflanzen. Kulturwissenschaftliches Handbuch, Stuttgart 2024.

malige) Nennung von Adressatinnen-Namen in der grammatischen dritten Person belegt. Solche Fächer lenken tendenziell das Augenmerk auch stärker auf ihre eigene Gestalt und ihr – typischerweise florales – Dekor, sodass die ohnehin stets besonders präsente materielle Grundlage der Schriftzüge noch einmal eigens hervorgehoben wird.

Auch diese Selbstbezüglichkeit hat mit der teils ununterscheidbaren Doppelung von buchstäblicher und metaphorischer Rede und deren Äquivalent im realen Körper des Fächers zu tun, wie etwa ein Fächer für Mallarmés Bekannte Nelly Marras illustrieren kann. Sie war verheiratet mit Jean Marras, dem Leiter des Pariser Marmordepots auf der ‹Schwaneninsel› [!]; ein ihm gewidmetes Exemplar von Mallarmés Essay *La Musique et les Lettres* von 1895 ist in der französischen Nationalbibliothek archiviert.[94] Entsprechend ist ein Teil des poetischen Textes als Anspielung auf die Lebensumstände und ‹Gelegenheiten› der Begegnung mit dem solchermaßen doppelt adressierten Ehepaar leicht zu dechiffrieren – oder war ohnehin bekannt – und es mag die zeitgenössischen Mit-Lesenden nicht überrascht haben, dass das vierzeilige Gedicht bereits an dritter Stelle das Wort «Marmor» enthält: «Autour du marbre le lys croît –/ Brise, ne commence par taire, / Fière et blanche son regard droit, / Nelly pareille à ce parterre.» – «Rund um Marmor wächst die Lilie – / Luftzug, schweige ab jetzt nicht mehr, / Stolz und weiß blickt gerade sie / Wie Nelly auf dieses Parterre.»[95]

Die französische Sprache, die überaus reich an Homonymen ist, kann hier in der Wiederholung derselben Laute zugleich,

---

94 Stéphane Mallarmé: La Musique et les Lettres, Paris 1895, https://gallica.bnf.fr/ark:/12148/bpt6k113400g/f6.item (zuletzt abgerufen am 21.09.2024).

95 Stéphane Mallarmé: Autour du marbre le lys croît, in: Vers de circonstance · Verse unter Umständen, S. 62, Nr. 5.

unübersetzbar, andere Möglichkeiten des Mit-Hörens anbieten; mit der Entscheidung für eine eher wörtliche Übersetzung gehen notgedrungen bereits wichtige Elemente des Textes verloren. Im französischen konjugierten Verb «croît» von *croître* (im Deutschen: wachsen, zunehmen, ansteigen) klingt, ununterscheidbar, *le croix*, das Kreuz, und das konjugierte Verb *croire*, deutsch: glauben, in der dritten Person Singular: *croit*, glaubt, mit. Die Kombination von Marmor und Kreuz lässt so an sakrale Orte wie christliche Kirchen oder Friedhöfe denken, wiewohl mit dem Marmor unweigerlich eine antike (‹heidnische›) Kultur und ihre neuzeitliche Wieder-Entdeckung im vollendeten Kunstwerk der – weißen – Marmorskulptur aufgerufen ist. Die Lilie, in Weiß eine klassische Blume der Trauer, ist das ständige Attribut und Symbol Marias, deren Reinheit und Jungfräulichkeit sie betont, und in Frankreich überdies als Zeichen königlicher Herrschaft omnipräsent. Der Statik solcher altehrwürdigen kostbaren Dinge setzt der zweite Vers jedoch die offensichtlich selbstreflexiv auf den Fächer als Gegenstand bezogene Bewegung des metonymisch im Luftzug angesprochenen Fächelns entgegen, die als endlose beschworen wird und entsprechend im dritten Vers gleichsam das Gesicht seiner Besitzerin freilegt. Es ist, gleichfalls stolz und (vornehm) weiß wie die evozierte lebendig-tote Verbindung aus Blüte und Stein, nach unten gewandt, auf den Boden, wörtlich: die Erde, *par terre*, auf einen Blumengarten, *le parterre*, oder auch auf den im Deutschen gleichfalls so benannten unteren Bereich in einem Theater, *das Parterre*, das in einer im 19. Jahrhundert geläufigen Metonymie auch das dort versammelte (weniger illustre) Publikum meinen kann.

Der Fächer weist so, mit der Evokation anderer Herrschaftszeichen, am Ende des letzten Verses auf die gesellige Situation zurück, in der er selbst zum Einsatz kommt und womöglich bereits andauernd, wie beschrieben, bewegt wurde. Ist mit diesen Attribuierungen offensichtlich auch schon die Adressatin in ge-

Abb. 4: Fächer von Nelly Marras mit Gedicht von Stéphane Mallarmé

läufigen Topoi des schönen, reinen, vornehmen Weißen in den Bildraum der vieldeutig klingenden Verse einbezogen, so bleibt eine solche Lektüre ohne den Blick auf den Fächer als Schriftträger und materiellen Gegenstand notgedrungen unvollständig.[96] Denn nochmals anders augenöffnend ist es, das Arrangement

---

96 Vorsichtshalber möchte ich wenigstens an dieser Stelle darauf hinweisen, dass das Nachzeichnen solcher Attribuierungen und Wertungen in dieser historischen Rekonstruktion innerhalb der besonderen Ästhetik und Poetik Mallarmés erfolgt, die, wie die Beispiele zeigen, das Weiße in seiner materiell-transzendenten Erscheinung in allen möglichen Formen feiert und dabei zweifellos auch bestimmten geschmacklichen und ideologischen Vorgaben des 19. Jahrhunderts folgt. Die politische Dimension einer solchen Privilegierung des ‹Weißen›, die in anderen Kontexten etwa mit rassistischen Vorstellungen von Überlegenheit verbunden ist, bleibt in meinen Einzeluntersuchungen weitgehend ausgespart. Vgl. zum «Colorismus», der «rassistische[n] Faustregel: je heller, desto wertiger» und «Weißsein als wichtigster Währung der Welt» eingehend Susan Arndt: Rassismus begreifen. Vom Trümmerhaufen der Geschichte zu neuen Wegen, München 2021, S. 47.

von Schrift und Zeichen auf dem gefalteten weißen Papier eines typisch halbrunden Fächers zu sehen, dessen Mitte mit zwei weit geöffneten, blühenden Königslilien geschmückt ist. Sie bilden gemeinsam gleichsam ein stilisiertes V, das sich im dunklen Grün der Blätter-Reihen rechts und links der beiden Stängel vielfach wiederholt und im Mallarmé-Kosmos ohnehin besondere Implikationen hat.[97] Im ikonischen Weiß der alten, auch sakralen Tradition, der am häufigsten beschworenen (Nicht-)Farbe Mallarmés, geben die beiden vereinzelten Lilienblüten mit weit geöffneten Blütenblättern den Blick in ihr auffällig gelbes Zentrum frei, den hier stilisiert vereinfachten Bereich von Pollen und Nektarien, dessen Farbe im rechts platzierten, symmetrisch gestalteten und wiederum V-förmig die Flügel öffnenden Schmetterling auffällig wiederholt wird. Die zarte unschuldige Szene aus stilisierten Elementen einer lebendigen Natur deutet somit auch deren Fruchtbarkeit und Wandlungsfähigkeit an; zudem ist diese spezielle Lilie, *Lilium regale*, mit der reinweißen Sonderform *album*, erst 1910 aus den Höhenlagen des chinesischen Sichuan erstmals nach Europa gebracht worden. Mitsamt dem Schmetterling als typischem Motiv chinesischer und japanischer Bildsprache bildet die hier abgebildete Pflanze, die mit ihrem geraden Wuchs bis zu 180 cm tatsächlich die im Vers metonymisch angedeutete menschliche Körpergröße erreichen kann, solchermaßen

---

97   Mallarmé hat die angedeutete V-Form einer gezeichneten Vogelschwinge häufig für Signaturen verwendet. Sie gleicht ihrerseits einem stilisierten Buchstaben, und das bereits erwähnte Porträt Édouard Manets zeigt den Dichter vor einem weißen Blatt Papier in Schreibhaltung, mit mehreren solchen Elementen und ihrer symmetrischen Umkehrung: Nicht nur der Haaransatz des Porträtierten, sondern auch die Augenbrauen und der prächtige Schnurrbart haben einen solchermaßen geformten Schwung. Vgl. mit weiteren Beispielen (in Abbildungen) Ortlieb: Weiße Pfauen, S. 89 f.

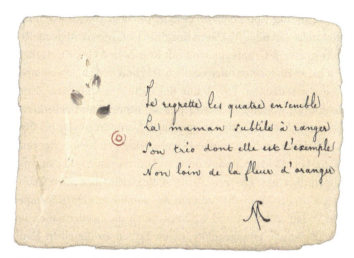

Abb. 5: Stephane Mallarmé: Billett mit Blume und Gedicht für Augusta Holmès

ein komplexes Verweissystem, das die Möglichkeiten poetischer Sprache ergänzt und übersteigt.[98]

Dass solche Blumen-Komplimente nicht an den Fächer als Material und Schriftträger gebunden sind, zeigt andererseits ein kleines Billett Mallarmés auf einem rechteckigen Blatt Papier in kleinem Format: «Je regrette les quatre ensemble, / La maman subtile à ranger / Son trio dont elle est l'exemple / Non loin de la fleur d'oranger» – «Wie ich die vier vereint vermiss / Die Mama reiht feinsinnig auf / Ihr Trio, dem sie Vorbild ist, / Nah an Orangenblüten auch».[99] Adressiert ist Augusta Holmès, die Sängerin,

98 Auch diesen Fächer habe ich im bereits zitierten Beitrag für die Zeitschrift für Ideengeschichte bereits deutlich knapper vorgestellt, vgl. Ortlieb: O Träumerin, O Mallarmé, S. 111–113.

99 Stéphane Mallarmé: Je regrette les quatre ensemble, Vers de circonstance · Verse unter Umständen, S. 101, Nr. 22.

Pianistin und Komponistin, die hier offenbar vereint mit ihren drei musizierenden Töchtern imaginiert ist, wie sie Auguste Renoir in einem Gruppenporträt mit Klavier und Geige festgehalten hat.[100] Hier treten offensichtlich Text und Bild auf interessante Weise auseinander: Die Blume links, die den schlichten Zettel schmückt, womöglich selbstgepflückt, gepresst und aufgeklebt, ist mit Sicherheit keine Orangenblüte. Denn deren vier bis fünf Kelchblätter sind zart und weiß wie die duftigen Kleider der porträtierten Mädchen, und sie umschließen, regelmäßig kreisförmig angeordnet, in je gleichem Abstand die gleichfalls weißen Staubblätter in der Mitte, die rund um den auffälligen gelben Stempel die Pollen enthalten und schützen. Auch die solchermaßen im Vers evozierte Orangenblüte, deren Farben an dieselben Kontraste auf dem Fächer für Nelly Marras erinnern können, gibt somit ein besonderes *Ensemble* zu sehen, in dem alle einzelnen Elemente, wie beim gemeinsamen Musizieren, einen ähnlichen Platz einnehmen. Die Wiesenblume links auf dem Billett, die mit ihrer verblassten violetten Farbe an eine Glockenblume oder verschiedene Veilchenarten erinnert, vermutlich aber eher der Familie der Astern angehört, kann dagegen womöglich auch noch

100 Das Bild ist heute im Besitz des Metropolitan Museum of Art, das angibt: «Auguste Renoir: The Daughters of Catulle Mendès, Huguette (1871–1964), Claudine (1876–1937), and Helyonne (1879–1955), 1888»; das Ölgemälde auf Leinwand habe die Maße 161,9 × 129,9 cm, https:// www.metmuseum.org/art/collection/search/438014 (zuletzt abgerufen am 21.09.2024). Erst nach dem Abschluss dieses Manuskripts wurde ich daran erinnert, dass der Archiv-Zuschreibung zufolge Marguerite-Françoise Dauphin die Adressatin des Billetts ist. Die Musikerin war Ehefrau des Dichters und Komponisten Léopold Dauphin; die gemeinsamen drei Töchter könnten entsprechend gleichfalls als ‹Ensemble› figurieren – mit der interessanten Pointe, dass sowohl die Mutter als auch eine der Töchter den Blumennamen Marguerite tragen, vgl. zu den Namen und biographischen Daten: Mallarmé: Vers de circonstance · Verse unter Umständen, S. 296, mit besonderem Dank an Christin Krüger.

andere Botschaften überbringen, die bis zu ihrer eindeutigen Identifizierung offenbleiben müssen. Frankreich war um 1890 führend bei der Herstellung von Trockenblumen, für die neben Rosen, Nelken und Malven auch Astern besonders häufig verwendet wurden; die sternförmig angeordneten Blütenblätter, die allerdings im hier noch geschlossenen Kelch nicht zu erkennen sind, würden zur poetisch imaginierten Orangenblüte passen und zugleich intertextuelle Verweise auf andere Stern-Gedichte Mallarmés erlauben.[101]

---

101 Das berühmteste Stern-Gedicht Mallarmés ist sicher *Un coup de dés*, *Ein Würfelwurf*, dessen Bildsprache und typografische Anordnung nach dem Prinzip des Sternbilds und der Sternen-Konstellation organisiert sind, vgl. Ortlieb: Weiße Pfauen, Kapitel 2.2.: Punkte auf dem Papier, Untergang im Tintenmeer. *Un coup de dés / Ein Würfelwurf* und *Brise marine / Meeresbrise* S. 49–59, zum Sternbild besonders Sylvia Sasse, Sandro Zanetti: Statt der Sterne. Literarische Gestirne bei Mallarmé und Chlebnikov, in: Maximilian Bergengruen, Davide Giuriato, Sandro Zanetti (Hg.): Gestirn und Literatur im 20. Jahrhundert, Frankfurt a. M. 2006, S. 103–119.

VI Steingaben, zu Wasser, zu Land und in der Luft. Mallarmés Kieselstein-Gedichte

Am vorläufigen Ende dieses kursorischen Überblicks können etwas handfestere, auch heiklere Gegenstände stehen: die eingangs erwähnten Kieselsteine, die Mallarmé am Strand von Honfleur gesammelt hat, einem beliebten Badeort im Norden Frankreichs, der auch ein Künstler-Treffpunkt war, etwa für die ersten dann so genannten Impressionisten.[102] Nutzt Mallarmé sonst für die zahlreichen Gedichte zu verschiedenen Anlässen und Gelegenheiten meist Dinge und Schreibmaterialien, die im Zeitalter industrieller Massenproduktion ebenso reichlich wie billig zur Verfügung stehen, so nehmen die Kieselsteine als einzige ‹Naturdinge› und Gruppe von ‹Schriftartefakten›[103] eine interessante Gegenposition ein, die im Korpus dieser Gedichte einzigartig ist, sieht man von den sozusagen hybriden Hühnereiern, die als Naturprodukt jahrhundertelanger Kultivierung traditionell zum typischen Artefakt des gefärbten und hier auch beschrifteten Oster-

---

102 Im Hinblick auf den Umgang mit begrenzten Ressourcen des Schreibens habe ich diesen Steinen bereits eine eigene Untersuchung gewidmet, die ich im Folgenden auch (teils wörtlich) zitiere, Cornelia Ortlieb: Leicht wie Stein. Stéphane Mallarmés Verse aus dem Meer, in: Martin Bartelmus, Yashar Mohagheghi, Sergej Rickenbacher (Hg.): Ressource «Schriftträger». Materielle Praktiken der Literatur zwischen Verschwendung und Nachhaltigkeit, Bielefeld 2023, S. 107–122.

103 Vgl. zu dieser Terminologie und ihrer Forschungsumgebung auch Michael Friedrich: Produktion und Gebrauch von Schriftartefakten. Vortrag vom 20.10.2020, https://www.temporal-communities.de/explore/listen-read-watch/video-gallery/materialitaet-schriftlichkeit/friedrich/index.html (zuletzt abgerufen am 14.08.2024).

eis umgestaltet werden, einmal ab.[104] In Mallarmés poetischem Kosmos haben Steine zudem seit jeher einen interessanten und wichtigen Platz, wie etwa die von ihm komponierte Buchausgabe der *Poésies* mit den zwei programmatischen Versgedichten, dem Sonettpaar zur Eröffnung und zum Schluss, eindrucksvoll belegt: Das bereits zitierte Gedicht *Salut* handelt auch vom Gestein des Meeresbodens, *A la nue accablante tue, Verheimlicht träger Wolkenlast*, spricht explizit von der lastenden dunklen Schwere des Basalts.[105]

Die Abteilung *Sur des galets d'Honfleur, Auf Kieselsteinen aus Honfleur* der *Vers de circonstance* enthält insgesamt zwanzig Gedichte, die fast alle jeweils nur zwei Verse und Zeilen umfassen. Die wenigen Fotografien der erhaltenen flachen Steine unterschiedlicher Größe zeigen eine wiederum regelmäßig ähnlich gestaltete Aufschrift: Typischerweise sind die zwei Verse mit Tinte oder Tusche sorgfältig auf die ganze Breite der Steinoberfläche aufgetragen und mit Mallarmés bekannter, kalligrafisch gestalteter Signatur gezeichnet. Auch hier kann ein nahezu beliebig gewähltes Beispiel die einzigartige Verdichtung poetischen

104 Die offenbar durchweg rotgefärbten Ostereier sind aus naheliegenden Gründen nicht erhalten, sondern als solche wiederum in der Evokation der Verse, die sie tragen, präsent. Entsprechend ist es ein archivalisches Ausnahmeereignis, dass im Deutschen Literaturarchiv Marbach in einem Tresorschrank die Reste einer von Eduard Mörike beschriebenen Eierschale aufbewahrt sind, die wiederum ein interessantes Seitenstück zu seinem scherzhaft-ironischen Versgedicht mit dem sprechenden Titel *Auf ein Ei geschrieben* darstellen. Vgl. zu Mörikes Dichten auf (Buchen-)Rinden und Eierschalen und seinem Kontext Cornelia Ortlieb: Buchstabendinge. Zur Materialität des Schreibens in der Moderne (Goethe, Mörike, Mallarmé), in: Jutta Müller-Tamm, Caroline Schubert, Klaus Ulrich Werner (Hg.): Schreiben als Ereignis. Künste und Kulturen der Schrift, Paderborn 2018, S. 79–109, bes. S. 93–99.
105 Stéphane Mallarmé: A la nue accablante tue, Verheimlicht träger Wolkenlast, in: Mallarmé: Sämtliche Dichtungen, S. 120 f. Vgl. Ortlieb: Weiße Pfauen, S. 34–58.

Sprechens und dessen Rückbindung an das Trägermaterial sinnfällig demonstrieren: «Pierre ne va pas, zélée / Par ton poids qui s'obstina / Couvrir l'écriture ailée / Que signe ce nom Dinah.» – «Stein bleib, sei doch im Eifer nicht / Deiner sturen Schwere Diener / Verdecke nicht die Flügelschrift / Die zeichnet der Name Dinah.»[106] Dass dieser irdisch schwere Gegenstand ausgerechnet von einer, wörtlich, geflügelten Schrift bedeckt sein soll, mag zunächst überraschen, ist aber im Kontext der anderen poetischen Artefakte Mallarmés überaus sinnfällig. Der besondere Witz, der sich bereits im ersten Wort des Gedichts entfaltet, lässt sich im Deutschen allerdings nicht einmal ansatzweise nachbilden: Pierre war der Name eines der drei Söhne der angesprochenen Dinah Seignobos, einer langjährigen Freundin der Familie Mallarmé. Der Junge oder junge Mann mag hier – freundlich-scherzhaft – gleichermaßen ermahnt worden sein, wie der gleichsam aus dem Nichts angesprochene «Stein», französisch «(la) pierre». Dieser soll, im Imperativ des ersten Verses, wörtlich: nicht gehen, schon gar nicht allzu ‹eilig› oder ‹dienstbeflissen› (zélée); im Fall des menschlichen Adressaten eine womöglich väterlich-onkelhafte Mahnung, es in den Ferien etwas ruhiger angehen zu lassen.

Deutlich komplizierter wird die Anordnung durch die nachgeschobene Ergänzung, wörtlich: durch dein Gewicht, das sich hindert, das beharrt («s'obstina»). Und erst der dritte Vers bringt die Auflösung, dass das Verb «aller» (gehen) hier, wie in der französischen Grammatik üblich, für das Anzeigen einer nahen Zukunft genutzt ist, in der der Stein, wörtlich, die geflügelte Schrift bedecken wird. Gemeint ist, nochmals mehrdeutig, eben diese Aufschrift als diejenige, die den Namen Dinah wie eine Signatur zu sehen gibt. Gleichsam ‹impressionistisch› aus dem Eindruck des Moments gewonnen und für einen Moment als

106 Mallarmé: Pierre ne va pas, Vers de circonstance · Verse unter Umständen, S. 230, Nr. 5.

flüchtige Szene festgehalten, enthält das ausnahmsweise vierzeilige Gedicht oder *quatrain* somit die Mahnung an den Stein, sich
nicht so zu drehen, dass er mit seinem eigenen Gewicht ebendiese Wörter auf seinem ‹Rücken› verdecken würde. Die Verse
weisen derart nicht nur auf ihren eigenen Schreibgrund, sondern auch auf die eigentlich unsichtbare Unterseite des physisch-
materiell präsenten liegenden Schriftträgers. Sie erinnern so auch
daran, dass das am Strand gefundene Ding als Schreibmaterial
dieselben Flächen bietet wie ein gleich großes Stück Papier, aber
tatsächlich eine Dimension mehr, die Erhebung im Raum.

Mit diesem Schriftkörper ist somit im Zitat einer der welt-
weit ältesten Schreibtechniken, des Einritzens in Stein, auch
metonymisch das Buch im Codex-Format aufgerufen, das, gleichermaßen flach und dreidimensional, seit dem 3. Jahrhundert
nach Christus das Standardformat der Schriftbewahrung zumal
in der ‹schönen› Literatur ist. Angesichts der bekannten Experi-
mente Mallarmés mit neuen Formen und Formaten, sozusagen
auf dem Weg zur Utopie des vielbeschworenen *Livre*, des BUCHS
schlechthin, dessen physische Gestalt in diesem Sinn eben nicht
die eines klassischen Buchobjekts sein müsste, ist auch diese
Schrift-Reflexion des Steins von besonderer Bedeutung.[107] Nicht
zuletzt erinnert der Verweis auf die spezifische Körperlichkeit
dieses – und jedes Schriftträgers – auch wieder an die materiellen
Besonderheiten im Corpus der ‹Gelegenheitsgedichte›, die auf
die ungewöhnlichen und schwierig zu handhabenden Oberflä-
chen von Calvados-Krügen, gefärbten Eiern und eben gefalteten

---

107 Vgl. weiterführend Annette Gilbert: Im toten Winkel der Literatur.
Grenzfälle literarischer Werkwerdung seit den 1950er Jahren, Paderborn 2018, bes. S. 111–155; mit zahlreichen Hinweisen, zur künstlerischen Reflexion von Publikationsformaten und -praktiken auch Dies.:
Publishing as Artistic Practice, Berlin 2016.

Papierfächern aufgetragen sind, im letzteren Fall somit auch in mehrfacher Hinsicht ‹geflügelt›[108].

In Bewegung gerät so aber auch das Spiel der Zeichen, von denen im Gedicht auch mehrdeutig die Rede ist: Im Vers ‹die von diesem Namen Dinah unterzeichnet ist› steht «signe» als konjugiertes Verb, das als Substantiv mit der selbstreflexiven Bedeutung *Zeichen* und als Bestandteil rhetorischer Figuren in Mallarmés poetischem Kosmos omnipräsent ist, zumal, weil es das Homonym (le) *cygne* (der Schwan) mithören lässt, das antike und in der Moderne wiederaufgenommene, auch bei Mallarmé vielfach variierte Sinnbild des Dichters.[109] Beide akustisch ununterscheidbaren Varianten stehen somit auch für die Frage nach Sinn und Bedeutung von (sprachlichen) Zeichen, hier prägnant auf die ihrerseits implikationsreiche Signatur bezogen, oder aber tatsächlich auf den Namen Dinah, der, deutsch gesprochen und gehört, sinnfällig eine Person bezeichnen kann, ‹die nah› ist.

Mit dem Verweis auf «ce nom» (diesen Namen), kehrt das Gedicht aber offensichtlich dezidiert und programmatisch zu seinem Anfang zurück: Ununterscheidbar als gleichsam individualisierter Gattungsname für eben diesen Stein und für einen männlichen menschlichen Träger steht an erster Stelle das Wort *Pierre*, das im Französischen neben dem bereits erwähnten Sohn der Adressatin auch jenen ersten Jünger Jesu bezeichnen kann, dessen griechischer Name Petros gleichfalls *Stein* bedeutet. Simon, der Fischer, der nach seiner Bekehrung und Wandlung zum ‹Menschenfischer› im Dienst Jesu wird, ist nach dessen Rede mit dem ihm verliehenen neuen Namen Kephas (aramäisch: Stein),

---

108 Vgl. zur insistierenden Metaphorik des Flügels und Flügelschlags, mit weiteren bibliografischen Hinweisen, die Einzeluntersuchungen in Ortlieb: Weiße Pfauen, S. 96–109.

109 Vgl. zu Mallarmés Arbeit mit dieser klanglichen Ununterscheidbarkeit und der metonymischen Ersetzung von weißem Pfau und Schwan Ortlieb: Weiße Pfauen, S. 107 f., S. 155 ff., S. 174 ff., S. 227.

der feste Grund – «Felsen» – der künftigen Gemeinde, zugleich, unzählige Male ins Bild gesetzt, der Jünger mit dem Schlüssel für das Himmelsreich.[110] In seinem ersten ‹Gemeindebrief› bezeichnet er den Messias als «lebendigen Stein» und die Gläubigen sollen «selbst als lebendige Steine aufgebaut [werden], ein geistliches Haus, zu einer geistlichen Priesterschaft».[111] Das *quatrain*, der Vierzeiler, den Mallarmé in den *Vers de circonstance* hundertfach variiert, bindet somit auf dem Stein den charakteristischen Moment des Schreibanlasses und seine Transzendenz, irdische Schwere und luftige Leichtigkeit, unübertrefflich zusammen. Fingiert als Rede der fiktiv unterzeichnenden Adressatin, die gleichermaßen den Sohn und den Stein zur Vorsicht vor unbedachten Bewegungen mahnt, ist auch die komplexe Schreibszene der Herstellung eines solchen implikationsreichen Artefakts diesem buchstäblich auf- und in gewisser Hinsicht auch eingeschrieben.

Das gefundene (Natur-)Ding, in den Avantgarde-Künsten als *objet trouvé* programmatisch wieder aufgegriffen, steht somit zugleich auch *pars pro toto* für eine jüdisch-christlich geprägte westliche Kulturgeschichte mit ihren grundlegenden Glaubenssätzen und Ritualen der Beglaubigung, zu denen prominent die hier hervorgehobene Unterschrift gehört, die per definitionem zugleich einmalig und wiederholbar ist.[112] Dieses Artefakt zumin-

---

110 In Jesu Worten folgen beide Bestimmungen unmittelbar aufeinander: «Und ich sage dir: Du bist Petrus, und auf diesen Fels werde ich meine Gemeinde bauen. Nicht einmal die Macht des Todes wird ihr etwas anhaben können. Ich werde dir die Schlüssel zum Himmelreich geben: Was du auf der Erde für gültig erklärst, wird auch im Himmel gelten. Was du nicht für gültig erklärst, wird auch im Himmel nicht gelten.» Die Bibel, Matthäus 16,18–19.

111 Die Bibel, 1. Petrus 2,4–5.

112 Die Implikationen der Eigenschaft von Unterschriften, gleichermaßen individuell / einmalig und vielfach identisch wiederholbar zu sein, entfaltet Jacques Derrida: Signature. Event. Context, in: Margins of Philosophy, Chicago 1982, S. 308–330.

dest fiktiv wieder der Natur zurückzugeben, aus der es vorübergehend entnommen wurde, hier in der antizipierten Drehung, die seine Aufschrift verbergen und in Wasser oder Sand auch physisch vernichten würde, ist aber seinerseits eine kulturelle Praktik, an die wiederum ein anderes Kieselsteingedicht explizit erinnert. Das spezielle Format der flachen Steine, das ihnen offenbar in Jahrzehnten oder Jahrhunderten durch die ständige Arbeit des Wassers verliehen worden ist, macht sie nämlich besonders geeignet für das ‹Steinehüpfen›, das entsprechend gleich im ersten Gedicht der Buchausgabe explizit, selbstreflexiv und mindestens doppeldeutig genannt ist: «Avec ceci Joseph, ô mon élève / Vous ferez des ricochets sur la grève.» – «Mit diesem hier Joseph, oh mein Schüler / Macht Ihr am Gestade Steinehüpfer.»[113]

Der zweite Vers enthält geradezu den *terminus technicus* für das sportliche Kunststück, bei dem mit einer bestimmten Bewegung von Arm und Hand der flache Stein so auf die bewegte Wasseroberfläche geworfen wird, dass er idealerweise mehrere Sprünge macht; «faire des ricochets» heißt entsprechend: (Kieselsteine) springen / hüpfen lassen, wobei «ricochets» wörtlich *Abpraller* bzw., militärisch, *Querschläger* sind. Das universal einsetzbare Verb «faire», machen, ist hier für ein Passiv verwendet, das im Deutschen mit *springen lassen* nachgebildet und verstärkt wäre, im Französischen aber, paradox, die aktive Handlung, das Veranlassen im Tun, betont. Entsprechend lässt sich alternativ zur Momentaufnahme des hüpfenden Steins auch die dafür notwendige Handlung eines solchermaßen wirkmächtigen menschlichen Subjekts betonen: Joseph, der «Schüler» mit dem biblischen Namen, ist dann selbst derjenige, der die höheren Sprünge macht. Mit dem Reimwort «grève» (Strand, Ufer) ist bereits die Unschärfe des vermeintlich geläufigen Eindrucks von diesem

---

113   Stéphane Mallarmé: Avec ceci Joseph, Vers de circonstance · Verse unter Umständen, S. 229, Nr. 1.

heiteren Treiben angelegt, da die Hüpfer des Steins beim Wurf ja *per definitionem* auf der Wasseroberfläche stattfinden.

Die vielfältigen Implikationen des Steinewerfens in anderen historischen und politischen Kontexten einmal beiseitegelassen, soll der sportliche Spaß hier auch den Körper des jungen Mannes mit den Steinen, den anorganischen Elementen einer touristisch kultivierten Natur, und zugleich mit dem Ozean als Quell allen irdischen Lebens verbinden. Wie das vorige Steingedicht angedeutet hatte, können diese Fundstücke so auch eine Ahnung von jenem kosmischen Ganzen geben, in das alle Lebewesen und alle Materie eingebunden sind. Dabei sollte jedoch das Paradox der drohenden Löschung eben dieser Inschrift nicht vergessen werden: Das Ende der flüchtigen Bewegung zwischen kurzfristig berührtem Wasser und Luft wäre absehbar der «Untergang», den das übernächste Kieselsteingedicht der Buchausgabe explizit benennt.[114] Mit der Rückgabe des Steins an das Meer, das ihn einmal an Land gespült hat, wäre aber nicht nur der materielle Gegenstand und Schriftträger gleichermaßen physisch vorhanden wie unauffindbar, sondern dessen Aufschrift in der allmählichen Auflösung der Tinte oder Tusche im Wasser ebenso materiell präsent wie flüchtig. Die Aufschrift nimmt somit, in der Vorwegnahme ähnlicher Avantgarde-Techniken des 20. Jahrhunderts, ihre eigene Löschung vorweg, die in der Aufforderung zum Springen(lassen) angedeutet ist. Und ein zusätzlicher Witz der zitierten Redewendung des zweiten Verses mag sein, dass «par ricochet» (auf Umwegen) ein geläufiger metaphorischer Ausdruck für *indirekt* ist, ein Attribut, das sich hier auf den Anspielungsreichtum des Verses zurückbeziehen lässt.

---

114 «Le seul rêve qui dans vos yeux purs navigua / Ne naufrage jamais Mademoiselle Helga» – «Der einz'ge Traum, der trieb in Euren Augen klar / Lässt niemals untergeh'n Mademoiselle Helga», Stéphane Mallarmé: Le seul rêve, Vers de circonstance · Verse unter Umständen, S. 229, Nr. 3.

VII Vorläufiger Ausblick, geflügelt, weiß auf schwarz.
Zwei Fächer mit einem Gedicht für Augusta Holmès

Die *geflügelte* Schrift des Steins kann heute auch daran erinnern, dass Dinah Seignobos zudem, unter anderem, die Adressatin eines Gedichts Mallarmés auf einem anderen ‹Papierflügel› ist, den man erst seit drei Jahren an der Wand von Mallarmés Sommerhaus in Valvins sehen kann, aufgeklappt fixiert wie ein übergroßer Schmetterling. Einmal mehr zeigt so die Wiederkehr derselben Dinge, Bildmotive und Sprachformen das Paradox eines zugleich individualisierten und seriellen Schreibens an, das nach klassischem Avantgarde-Verständnis ‹Kunst› und ‹Leben› untrennbar miteinander verbindet. Dies gilt auch besonders für ein Fächerpaar, das seinerseits einen eigenen Kosmos von Bedeutungen und Implikationen eröffnet, wiederum in engster Nähe zu Méry Laurent und Stéphane Mallarmé: Im online zugänglichen Archiv der Bibliothèque Jacques Doucet finden sich auch etliche Texte und Objekte aus dem ‹Umkreis› des Dichters, darunter, spektakulär, zwei Fächer aus dem Besitz von Augusta Holmès, der (vermuteten) Adressatin des hier bereits vorgestellten Orangenblütengedichts.

Die gebürtige Irin und eingebürgerte Französin war, wie bereits eingangs angedeutet, als Sängerin, begeisterte Wagnerianerin und Komponistin seinerzeit bekannt oder sogar berühmt; interessanterweise wurde ihre letzte Oper im Januar 2024 in Dortmund gleichsam zum zweiten Mal ur-aufgeführt.[115] Ein

---

115 Vgl. die einlässliche Kritik der Dortmunder Aufführung, die auch die vielfältigen Wagner-Bezüge herausstellt und mit einem programmati-

Abb. 6: Fächer von Augusta Holmès mit Gedicht von Stéphane Mallarmé, datiert 12. Juni 1887

knapper biografischer Überblick, der auch nüchtern darauf verweist, dass die Zeitgenossen dennoch – stereotyp – vor allem ihre auffällige Schönheit und besonders ihr langes blondes Haar gepriesen hätten, vermerkt lakonisch: «Weder ihre drei Opern, zu denen sie auch die Libretti schrieb, noch ihre vielen dramatischen Sinfonien und symphonischen Dichtungen hatten Erfolg, mit Ausnahme der Triumph-Ode, die sie zur Hundertjahrfeier der französischen Revolution schrieb und die 1889 in einem bombastischen Rahmen aufgeführt wurde. Nachdem die Oper *La Montagne noire* 1895 durchfiel, weil türkische Themen nicht ‹à la mode› waren, verlor sie nacheinander ihren Ruf als Komponistin,

schen Porträt Holmès' am Schreibtisch, vor Wagnerporträt, illustriert ist, Eleonore Büning: Frau überlebt, https://van-magazin.de/mag/augusta-holmes-montagne-noire-schwarzer-berg-dortmund/ (zuletzt abgerufen am 22.09.2024).

ihren Liebhaber, ihr Geld, ihre Vitalität und ihre Schönheit.»[116] Mit dem Maler Catulle Mendès, Ehemann von Judith Gautier, war Holmès siebzehn Jahre liiert; außer den von Renoir porträtierten drei Töchtern Hélyonne Mendès, Jeanne Huguette Olga Mendès und Marie Anne Claudine Mendès hatten die beiden noch einen gemeinsamen Sohn, Raphaël Henri Mendès.

Die Familie Mendès-Holmès ist, mehr oder weniger explizit, in den verschiedenen Abteilungen der *Vers de circonstance* omnipräsent, und es mag entsprechend nicht verwundern, dass außerhalb dieser Sammlung auch ein Fächergedicht Mallarmés für die außergewöhnliche Künstlerin erhalten ist. Es findet sich zunächst auf einem ungewöhnlich reich gestalteten, kostbaren Fächer, dessen durchgehende Stäbe aus schwarzem Ebenholz mit teils transparentem schwarzem Tüll bespannt sind, der wiederum mit einer Vielzahl einzeln aufgenähter goldener Pailletten auf einer Borte aus grauem, durchscheinendem Tüll besonders aufwendig geschmückt ist.[117] Anders als bei den bisher betrachteten Papierfächern, steht hier für die Beschriftung kein geeignetes Material zur Verfügung – außer den schmalen schwarzen Stäben des aufgespannten Halbkreises, die jeweils nur wenige Millimeter breite, aber vergleichsweise lange Rechtecke bilden; der Fächer ist 36 × 19 cm groß. Die digitale Fotografie des Archivs zeigt seine Rückseite, die mit entsprechender Vergrößerung auch die vielen winzigen Nähte zur Befestigung des Stoffs an den Stäben und zu seiner Verzierung erkennen lässt. Die aufwendige Handarbeit ist

116 Eva Rieger: Augusta Holmès, https://www.fembio.org/biographie.php/frau/biographie/augusta-holmes/ (zuletzt abgerufen am 22.09.2024)
117 Fächer von Augusta Holmès mit Gedicht von Stéphane Mallarmé, datiert 12. Juin 1887, Bibliothèque Jacques Doucet, Legs Henri Mondor, MO 106, https://bljd.sorbonne.fr/ark:/naan/a011429863484RjqDIB (zuletzt abgerufen am 22.09.2024). Die auf der Fächerfotografie gut lesbare Datierung ist dort irrtümlich als «12 janvier 1887», 12. Januar 1887, angegeben.

‹links› mit weißer Schrift signiert: «Ernest Kees», der Name eines Fächerherstellers, lässt sich lesen, wenn der Fächer hochkant auf die Schmalseite gestellt wird.[118]

Für die Beschriftung mit Gedichtversen hat Mallarmé ihn in die andere Richtung gedreht, sodass die Widmung «à Augusta Holmès» gleichsam Kopf an Kopf mit dem Herstellernamen die neue Leserichtung von oben nach unten eröffnet; das Schriftbild zieht sich beim aufgeklappten Fächer somit von links nach rechts und endet wiederum mit einem Namen und Datum: «S. Mallarmé / 12 juin 1887».[119] Das gut lesbar mit weißer Tinte oder (Deck-)Farbe in sorgfältig gestalteter Handschrift auf vier Stäben aufgetragene Gedicht lautet: «Fleur, signe et sur le lac cygne / au son d'Augusta d'Holmès / Le battement suit la ligne / Du nonchaloir de Mendès.»[120] Indem die beiden Nachnamen des ungewöhnlichen Liebes- und Elternpaars zu Endreimen gemacht worden sind, ist bereits vor jeder eingehenderen Lektüre ein Netz offensichtlicher Bezüge zu (ihren) historischen Lebenswelten angezeigt. Eine möglichst wörtliche Übersetzung deutet jedoch an, wie diese gleichsam immer schon transzendiert sind: «Blume, Zeichen und auf dem See Schwan / zum/im Klang von Augusta Holmès / Der Schlag folgt der Linie / der Gelassenheit von Mendès.»[121] Evoziert sind somit die musikalischen und bildnerischen Künste des Paars, zudem deren und dessen Harmonie, die, wie so oft, hier mit leisem Spott bedacht wird, kann doch die substantivierte Form des Adjektivs «nonchaloir» dessen Bedeu-

---

118 Bei einer Online-Auktion wird derzeit ein weiterer aufwendig gestalteter Fächer desselben Herstellers angeboten, der an derselben Stelle in derselben Weise signiert ist, offenbar in einer Mischung aus Künstlersignatur und Markenzeichen, https://drouot.com/de/l/20762917-facher-19-jh-fassung-aus-durch (zuletzt abgerufen am 22.09.2024).

119 Fächer von Augusta Holmès, datiert 12. Juni 1887.

120 Stéphane Mallarmé: Fleur, signe et sur le lac cygne, Fächer von Augusta Holmès, datiert 12. Januar 1887.

121 Meine Übersetzung, CO.

Abb. 7: Fächer von Holmès mit Gedicht Stéphane Mallarmés, datiert August 1886

tungsspektrum etwa von ‹nachlässig›, ‹lässig›, bis ‹gelassen›, aber auch ‹träge› oder ‹faul› aufnehmen. Aus einer zugeschriebenen Eigenschaft wird somit eine Haltung oder ein Charakterzug des gleichsam mit-adressierten männlichen Partners, dessen Pinselstriche und die dazugehörige Handbewegung das womöglich mit Künstlerfarbe aufgetragene Gedicht auch in dieser solchermaßen selbstreflexiven Verszeile nachahmt.

Der erste, enigmatisch anmutende Vers erinnert mit der bekannten Ersetzung von Schwan und Zeichen nochmals an deren klangliche Ununterscheidbarkeit und dürfte auch eine unmissverständliche Anspielung auf die vielerorts, nicht nur in den Schlössern des bayrischen Königs Ludwig II, variierte Bildsprache Richard Wagners sein, der den liebenden Helden *Lohengrin* in der gleichnamigen romantischen Oper in einem Boot auf die Bühne bringt, das von einem Schwan gezogen wird. Ob die Vorderansicht des Fächers Bildmotive bietet, die sich in dieser Weise als symbolträchtige Anordnung von Elementen einer künstlerisch gestalteten Flora und Fauna lesen lassen, die entsprechend ihrerseits *Zeichen* wäre, muss hier dahingestellt bleiben. Naheliegend ist es jedoch allemal, den ersten Vers in der nun bekannten Weise auch als Verweis auf die materiellen Eigenschaften eben dieses Fächers zu lesen, der mit seinen goldenen Pailletten auf grauem und schwarzem Grund, den zusätzlich auf den äußeren Stäben aufgetragenen goldenen und silbernen Punkten und den aufwendig vernähten Elementen aus dunklem Tüll und Holz seinerseits ein komplexes nächtliches Artefakt bildet, dessen weiße Aufschrift leuchtet wie der Schwan, die Blume oder ein Sternbild, drei omnipräsente Figurationen des Weißen im Kosmos Mallarmés.

Erstaunlicherweise kehrt jedoch derselbe Fächer als ein anderer auf einer weiteren Archivfotografie wieder: Auf Ebenholzstäbe gespannt, ist hier der schwarze Tüll mit feinen Linien aus winzigen schwarzen Pailletten bestickt, die sich über die ganze Länge der jeweiligen Segmente ziehen und so gleichsam die typischen Papierfächerfalten zitieren.[122] Trotz der eindrucksvollen Größe von 40×22 cm, nimmt sich dieser gleichermaßen aufwendig hergestellte Fächer ohne entsprechendes Markenzei-

---

122   Fächer von Augusta Holmès mit Gedicht von Stéphane Mallarmé, datiert August 1886, Bibliothèque Jacques Doucet, Legs Henri Mondor, MO 107,   https://bljd.sorbonne.fr/ark:/naan/a011429863484XG4Gl3 (zuletzt abgerufen am 22.09.2024). Die Datierung ist dort irrtümlich mit «août 1866», August 1866, angegeben, obgleich die Aufschrift auf dem Fächerstab mindestens in der Vergrößerung der digitalen Fotografie die Jahreszahl 1886 zweifelsfrei erkennen lässt. Der Fächer ist auch Teil einer virtuellen Ausstellung des Mallarmé-Museums in Valvins vom Juli 2024, dort aber in der Bildunterschrift, anders als auf der Startseite, irrtümlich «Madame Mallarmé» zugeschrieben: «Éventail de Madame Mallarmé, MO 106 [sic], legs Henri Mondor, Bibliothèque littéraire Jacques Doucet, Paris», vgl. [Anonym]: Un mardi avec Mallarmé: les poèmes sur éventails, https://www.musee-mallarme.fr/fr/ actualites/un-mardi-avec-mallarme-les-poemes-sur-eventails#gallery-paragraph-id-2662-4 (zuletzt abgerufen am 22.09.2024).

chen vergleichsweise bescheidener aus, und auch Gedicht und Widmung sind etwas nüchtern-gedrängter platziert als auf dem prächtigen anderen. Allerdings finden sich hier zwei Kommata zusätzlich, eine erweiterte Signatur und ein neues Datum, das diesen Fächer als Vorgänger des anderen ausweist: «à Augusta Holmès / Fleur, signe, et, sur le lac, cygne. / Le battement suit la ligne / Du nonchaloir de Mendès. / Stephane Mallarmé / août 1886».[123] Ein angebundenes Etikett erläutert zudem «Eventail [sic] de Madame Augusta Holmès / portant un quatrain inédit et / autographe de la main de Stéphane Mallarmé / appartenait en 1901 à Willy.», deutsch etwa: Fächer von Madame Augusta Holmès der einen unveröffentlichten Vierzeiler und ein Autogramm von der Hand Stéphane Mallarmés trägt / gehörte 1901 Willy.[124] Einmal mehr beweist sich hier Bruno Latours Feststellung, dass der (simulierte) archäologische Blick nicht auf Dinge oder Objekte trifft, sondern auf Praktiken: «‹Objekt› kann man den etwas widerständigeren Teil einer Kette von Praktiken nennen, aber nur solange er noch vergraben, weggeworfen, ausgesetzt, bedeckt, ignoriert, unsichtbar, ‹für sich› ist.»[125] Zu dieser «Kette von Praktiken» gehört hier offenbar das künstlerische Gestalten und poetische Schreiben, aber auch eine lebensweltliche Abfolge von Handlungen, die diese verblüffende Doppelung von Schrift und Ding plausibel erklären kann, ihrerseits aber der historischen Rekonstruktion teils widersteht.

Es darf und muss also spekuliert werden, dass zu den *Umständen* des ersten Fächergedichts die typisch französischen Ferien im August gehören, die womöglich Zeit für freundschaftliche Begegnungen geboten haben und den Fächer als modisches

---

123   Fächer von Augusta Holmès, datiert August 1886.
124   Ebd. Willy war das Pseudonym des Journalisten Henry Gauthier-Villars.
125   Bruno Latour: Wir sind nie modern gewesen. Versuch einer symmetrischen Anthropologie, dt. v. Gustav Roßler, Frankfurt a. M. 2008, S. 39.

Accessoire, Sonnenschutz und Temperaturregulator allseits sinnfällig machen – allerdings eher nicht in dieser besonderen (Nicht-)Farbe und Gestalt. Auch See, Schwan und Blume sind in diesem Sinn freundliche Zutaten einer kleinen Sommer-Idylle. Das aus einem bestimmten Moment heraus entworfene Gedicht und seine Zueignung unter den anderen Umständen des darauffolgenden Sommers, etwas früher im Jahr und auf einem deutlich prachtvolleren Fächer nochmals anzubringen, mag einer für den Dichter schmeichelhaften Bitte der Adressatin entsprochen haben, die womöglich für verschiedene Situationen und unterschiedlich festliche Kleidung jeweils passend gerüstet sein wollte. Die abweichende Datierung legt es jedenfalls nahe, dass die beiden Fächer nicht im selben Schreibmoment gleichsam vierhändig beschrieben wurden, für eine Abschrift sind zudem die Unterschiede der Zeichensetzung und der Signatur zu markant.

Die beiden Fächer laden so auch dazu ein, ihre historische Umgebung zu erkunden, zu der ausweislich des zweiten, historisch ersten Fächers womöglich auch der Ferienort Honfleur gehört: Dort hat Mallarmé mit Frau und Tochter oftmals die Sommerferien verbracht, auch mit dem Verfassen von Kieselstein-Gedichten, dort hat vor ihm schon Charles Baudelaire das berühmte Gedicht *La chevelure, Das Haar*, verfasst, das den Neologismus «nonchaloir» als Teil der Anrufung der Schönheit einer Schwarzen Geliebten in die französische Lyrik einführt.[126] In

---

126 Das Gedicht beginnt mit drei emphatischen Ausrufen: «Ô toison, moutonnant jusque sur l'encolure! Ô boucles! Ô parfum chargé de nonchaloir!» – «O Vlies, das tief hinab sich über den Nacken kräuselt! O Locken! O schwer und träger Wohlgeruch!» Charles Baudelaire: La chevelure. Das Haar, Sämtliche Werke / Briefe in acht Bänden, hg. v. Friedhelm Kemp u. Claude Pichois, München, Wien, 1975–1985, Bd. 3: Les Fleurs du mal. Die Blumen des Bösen, München, S. 100–103. Diese Übertragung der Attribuierung von der Schwarzen Frau auf den *weißen* Mann ist bemerkenswert, zumal, da sie hier in weißer Schrift auf schwarzem Grund verfasst ist. Außerhalb lyrischer Texte ist das männ-

der Unterkunft der Mallarmés und ihres Freundeskreises, der Pension Marguerite Ponsots, war auch deren Sohn, ein ehemaliger Schüler Mallarmés und Adressat vieler, meist eher spöttischer Verse unter Umständen anzutreffen, ein gewisser *Willy*.[127] Und da offenbar hier alles mit allem zusammenhängt, findet sich auch unter den *textes divers*, verschiedenen Texten des Archivbestands aus dem Umfeld Mallarmés, ein Vierzeiler von Augusta Holmès an Méry Laurent, datiert auf August 1890, in dem sie, nach Art des ‹Meisters›, deren Weiße rühmt, die sie in scherzhafter Übertreibung über die Milch der Ziege Amaltheia stellt: «Voici quatre vers pour Méry / plus blanche que le lait de la chèvre Amalthée, / pour que Méry ne soit pas comme la mer i. /   …rritée! // Voillla!!!   AM» – Hier sind vier Verse für Méry / weißer als die Milch der Ziege Amalthee / damit Méry nicht wie das Meer i. /   rritiert ist! // Das warrr's!!!   AM. Das implikationsreiche Kompliment kann sich sowohl auf den griechischen Mythos um die verwandelte weiße Ziege, die dem Göttervater Zeus als Kind die lebensnotwendige Milch spendet, als auch auf die gleichnamige Nymphe, die ihn mit dieser versorgt haben soll, beziehen. Der übermütige Ton des selbstreflexiven Gedichts, sein temperamentvoller Abschluss und die abgekürzte Signatur nach Art des bekannten SM-Kürzels zeigen an, dass der Kreis um Mallarmé noch viele interessante Überraschungen birgt, zumal mit Blick auf die erstaunliche Fülle kreativer, künstlerisch arbeitender Frauen, denen zahllose Gedichte gewidmet sind.

liche Substantiv nonchaloir als Synonym für nonchalance, Lässigkeit, Nachlässigkeit, bereits seit 1833 nachweisbar.

127 Willy Ponsot ist der Adressat einer ganzen Reihe von liebevollen Schmäh- oder Spottgedichten, die ich im Rahmen der von Anita Traninger und mir organisierten Tagung *Naming, Blaming, Shaming* im Oktober 2023 an der FU Berlin vorgestellt habe; ein Tagungsband ist in Vorbereitung, vgl. https://www.temporal-communities.de/events/workshop-naming-blaming-shaming.html (zuletzt abgerufen am 22.09.2024).

Somit wird die Betrachtung und Lektüre dieser speziellen Schriftobjekte nicht an ein Ende kommen können. Sie kann daran erinnern, dass die enge Verbindung von Kunst und Handwerk, Poesie und Kunstgewerbe mindestens für die ‹japonistische› französische Kunst des späten 19. Jahrhunderts bezeichnend ist und entsprechend auch die Aufmerksamkeit verschiedener akademischer Disziplinen fordert. Diese tun zudem gut daran, bei ihren interpretatorischen Aufflügen die materielle Basis ihrer Überlegungen nicht aus den Augen zu verlieren. Und dies gilt zumal, wenn die untrennbare Verbindung von Schrift und Ding, wie in den wenigen hier vorgestellten Beispielen, solch einzigartige und zugleich endlos wiederholte Effekte zeitigt, wie sie hier mit allen Sinnen zu erleben sind, so flüchtig und anhaltend wie ein Fächerschlag der bewegten Hand.

Literatur

Agostini, Giulia (Hg.): Mallarmé. Begegnungen zwischen Literatur, Philosophie, Musik und den Künsten, Wien 2019.

Arndt, Susan: Rassismus begreifen. Vom Trümmerhaufen der Geschichte zu neuen Wegen, München 2021.

Baudelaire, Charles: Sämtliche Werke / Briefe in acht Bänden, hg. v. Friedhelm Kemp u. Claude Pichois, München / Wien, 1975–1985, Bd. 3: Les Fleurs du mal. Die Blumen des Bösen, München 1989.

Françoise Bayle (Hg.): Méry Laurent, Manet, Mallarmé et les autres, Ausst.-Kat. Nancy, Musée des Beaux Arts, Versailles 2005.

Büning, Eleonore: Frau überlebt, in: VAN Magazin 17.01.2024, https://van-magazin.de/mag/augusta-holmes-montagne-noire-schwarzerberg-dortmund/ (zuletzt abgerufen am 22.09.2024).

Buisson, Dominique: Japanische Papierkunst. Masken. Laternen. Drachen. Puppen. Origami, Paris 1992.

Däubler-Hauschke, Claudia / Brunner, Michael: Der japanische Schmetterling – James Whistler, in: Dies. (Hg.): Impressionismus und Japanmode. Degas / Whistler, Ausst.-Kat. Überlingen, Städtische Galerie, Überlingen 2009, S. 111–148.

Derrida, Jacques: La double séance, in: La dissémination, Paris 1972, S. 199–318.

Derrida, Jacques: Signature. Event. Context, engl. v. Alan Bass, in: Margins of Philosophy, Chicago 1982, S. 308–330.

Ferrette, Anne: L'éventail dans la presse de la seconde moitié du XIXe siècle à 1905, in: Philippe Rollet (Hg): Rien qu'un battement aux cieux. L'éventail dans le monde de Stéphane Mallarmé, Ausst.-Kat. Vulaines-sur-Seine, Musée Départemental Stéphane Mallarmé, Montreuil-sous-Bois 2009, S. 9–25.

Friedrich, Michael: Produktion und Gebrauch von Schriftartefakten. Vortrag vom 20.10.2020, https://www.temporal-communities.de/explore/listen-read-watch/video-gallery/materialitaet-schriftlichkeit/friedrich/index.html (zuletzt abgerufen am 22.09.2024).

Gan, Peter: Gesammelte Werke, hg. v. Friedhelm Kemp, Göttingen 1997.

Gilbert, Annette: Im toten Winkel der Literatur. Grenzfälle literarischer Werkwerdung seit den 1950er Jahren, Paderborn 2018.

Gilbert, Annette: Publishing as Artistic Practice, Berlin 2016.

Gludovatz, Karen: Fährten legen – Spuren lesen. Die Künstlersignatur als poietische Referenz, München 2011.

Goebel, Gerhard: Kommentar, in: Mallarmé: Gedichte, Französisch und deutsch, übers. u. kommentiert v. Gerhard Goebel, unter Mitarbeit von Frauke Bünde u. Bettina Rommel, Gerlingen 1993, S. 293–294, S. 293.

Hempfer, Klaus: Zur Differenz von ‹Lyrik› und ‹Gelegenheitsdichtung›. Das Beispiel Mallarmé, in: Zeitschrift für französische Sprache und Literatur 128 (2018), Heft 2–3, S. 187–211.

Hilgert, Markus: Praxeologisch perspektivierte Artefaktanalysen des Geschriebenen. Zum heuristischen Potential der materialen Textkulturforschung, in: Friederike Elias, Albrecht Franz u. a. (Hg.): Praxeologie. Beiträge zur interdisziplinären Reichweite praxistheoretischer Ansätze in den Geistes- und Sozialwissenschaften, Berlin / Boston 2014, S. 147–162.

Hiroko, Yokomizo: Präsentation und Rezeption japanischer Kunst in Europa während der Meiji-Zeit, in: Gregory Irvine (Hg.): Der Japonismus und die Geburt der Moderne. Die Khalili-Sammlung, Leipzig 2014, S. 54–89.

Hörning, Karl H.: Was fremde Dinge tun. Sozialtheoretische Herausforderungen, in: Peter Hahn (Hg.): Vom Eigensinn der Dinge. Für eine neue Perspektive auf die Welt des Materiellen, Berlin 2015, S. 163–176.

Irvine, Gregory: Vom Namban-Handel zur Meiji-Zeit. Verfügbarkeit und Rezeption japanischer Kunst im Westen, in: Ders. (Hg.): Der Japonismus und die Geburt der Moderne. Die Khalili-Sammlung, Leipzig 2014, S. 16–53.

Kranz, Isabel / Jacobs, Joela (Hg.): Pflanzen. Kulturwissenschaftliches Handbuch, Stuttgart 2024.

Latour, Bruno: Wir sind nie modern gewesen. Versuch einer symmetrischen Anthropologie, dt. v. Gustav Roßler, Frankfurt a. M. 2008.

Macho, Thomas: Shining oder: Die weiße Seite, in: Wolfgang Ullrich, Juliane Vogel (Hg.): Weiß, Frankfurt a. M. 2003, S. 17–28.

Mallarmé, Stéphane: Gedichte. Französisch und deutsch, übers. u. kommentiert v. Gerhard Goebel, unter Mitarbeit von Frauke Bünde u. Bettina Rommel, Gerlingen 1993.

Mallarmé, Stéphane: Kritische Schriften. Französisch und deutsch, hg. v. Gerhard Goebel u. Bettina Rommel, übers. v. Gerhard Goebel unter Mitarbeit von Christine Le Gal. Mit einer Einleitung und Erläuterungen von Bettina Rommel, Gerlingen 1998.

Mallarmé, Stéphane: La Musique et les Lettres, Paris 1895, https://gallica. bnf.fr/ark:/12148/bpt6k113400g/f6.item (zuletzt abgerufen am 04.09.2024).

Mallarmé, Stéphane: L'Anglais Récréatif. Eigenhändiges Manuskript, Paris, Bibliothèque littéraire, in: Jacques Doucet, Bertrand Marchal, Marie-Pierre Pouly (Hg.): Mallarmé et L'Anglais récréatif. Le poète pédagogue, Ausst.-Kat. Vulaines sur Seine, Musée départemental Stéphane Mallarmé, Paris 2014, S. 60–75.

Mallarmé, Stéphane: Lettres à Méry Laurent, hg. v. Bertrand Marchal, Paris 1996.

Mallarmé, Stéphane: Salut, in: Les Poésies de S. Mallarmé. Frontispice de F. Rops, Brüssel 1899, S. 9.

Mallarmé, Stéphane: Sämtliche Dichtungen. Französisch und deutsch. Mit einer Auswahl poetologischer Schriften, Übersetzung der Dichtungen von Carl Fischer, München 1995.

Mallarmé, Stéphane: Toast, in: La plume 92 (1893), S. 67.

Mallarmé, Stéphane: Vers de circonstance, hg. v. Bertrand Marchal, Paris 1996.

Mallarmé, Stéphane: Vers de circonstance. Avec un quatrain autographe, Paris 1920.

Mallarmé, Stéphane: Vers de circonstance · Verse unter Umständen, hg. v. Christin Krüger, Cornelia Ortlieb, Felicitas Pfuhl, Vera Vogel, aus dem Französischen übers. v. Christin Krüger, Cornelia Ortlieb, Felicitas Pfuhl, Kristin Sauer, Katherina Scholz und Vera Vogel, Dresden 2023.

Marchal, Bertrand: Éventails, «Éventails», in: Philippe Rollet (Hg.): Rien qu'un battement aux cieux. L'éventail dans le monde de Stéphane Mallarmé, Ausst.-Kat. Vulaines-sur-Seine, Musée Départemental Stéphane Mallarmé, Montreuil-sous-Bois 2009, S. 26–34.

Millan, Gordon: Marie Mallarmé. Le fantôme dans la glace, Paris 2019.

Newton, Joy: Méry Laurent, icône fin de siècle, in: Françoise Bayle (Hg.): Méry Laurent, Manet, Mallarmé et les autres, Ausst.-Kat. Nancy, Musée des Beaux Arts, Versailles 2005, S. 9–32.

Olds, Marshall C.: Under Mallarmé's Wing, in: FANA Quarterly 19 (2001), Heft 4, S. 6–28.

Ortlieb, Cornelia: Buchstabendinge. Zur Materialität des Schreibens in der Moderne (Goethe, Mörike, Mallarmé), in: Jutta Müller-Tamm, Caroline Schubert, Klaus Ulrich Werner (Hg.): Schreiben als Ereignis. Künste und Kulturen der Schrift, Paderborn 2018, S. 79–109.

Ortlieb, Cornelia: Fächergedichte, Türkisvariationen und goldene Pfauen. Französisch-japanisch-deutsche Bildsprache um 1900, in: Simon Frisch, Teruaki Takahashi, Tilman Borsche (Hg.): Denken / Sehen. Japanisch-Deutsche Spaziergänge auf Kunstwegen, Baden-Baden 2024, S. 283–307.

Ortlieb, Cornelia: Ein Gruß der See. Mallarmés Toast und der Mineralbrunnen der Dichtung, in: Mario Gotterbarm, Stefan Knödler,

Dietmar Till (Hg.): Sonett-Gemeinschaften. Die soziale Referentialität des Sonetts, Paderborn 2019, S. 191–208.

Ortlieb, Cornelia: Leicht wie Stein. Stéphane Mallarmés Verse aus dem Meer, in: Martin Bartelmus, Yashar Mohagheghi, Sergej Rickenbacher (Hg.): Ressource «Schriftträger». Materielle Praktiken der Literatur zwischen Verschwendung und Nachhaltigkeit, Bielefeld 2023, S. 107–122.

Ortlieb, Cornelia: Mallarmés ‹japanisches Album›, in: Boris Roman Gibhardt, Johannes Grave (Hg.): Schrift im Bild. Rezeptionsästhetische Perspektiven auf Text-Bild-Relationen in den Künsten, Hannover 2018, S. 107–128.

Ortlieb, Cornelia: O Träumerin, O Mallarmé… Papierfächer und das Flügelspiel der Avantgarde. In: Zeitschrift für Ideengeschichte 17 (2023), Heft 1, S. 105–115.

Ortlieb, Cornelia: Weiße Pfauen, Flügelschrift. Stéphane Mallarmés poetische Papierkunst, Dresden 2020.

Pearson, Roger: Mallarmé and Circumstance. The Translation of Silence, Oxford 2004.

Peyré, Yves (Hg.): Stéphane Mallarmé 1842–1898. Un destin d'écriture, Ausst.-Kat. Paris, Musée d'Orsay, Paris 1998.

Rancière, Jacques: Mallarmé. Politik der Sirene, dt. v. Richard Steurer, Zürich 2012.

Ranke-Graves, Robert: Griechische Mythologie, Reinbek bei Hamburg 1984.

Rieger, Eva: Augusta Holmès, Fembio, 1996, https://www.fembio.org/biographie.php/frau/biographie/augusta-holmes/ (zuletzt abgerufen am 22.09.2024).

Rippberger, Stefan: Mallarmés Menge, Berlin 2019.

Rollet, Philippe (Hg.): Rien qu'un battement aux cieux. L'éventail dans le monde de Stéphane Mallarmé, Ausst.-Kat. Vulaines-sur-Seine, Musée Départemental Stéphane Mallarmé, Montreuil-sous-Bois 2009.

Sasse, Sylvia / Zanetti, Sandro: Statt der Sterne. Literarische Gestirne bei Mallarmé und Chlebnikov, in: Maximilian Bergengruen, Davide Giuriato, Sandro Zanetti (Hg.): Gestirn und Literatur im 20. Jahrhundert, Frankfurt a. M. 2006, S. 103–119.

Schneider, Lars: Die page blanche in der Literatur und bildenden Kunst der Moderne, Paderborn 2016.

Ubl, Ralph: Eugène Delacroix. Mit dem Meer malen, in: Hannah Baader, Gerhard Wolf (Hg.): Das Meer, der Tausch und die Grenzen der Repräsentation, Zürich / Berlin 2010, S. 75–99.

Weinberg, Kurt: Ô Rêveuse / Eau Rêveuse. Zu Mallarmés Autre Éventail
de Mademoiselle Mallarmé, in: Romanistisches Jahrbuch 33 (1982),
S. 134–147.

Wichmann, Siegfried: Japonismus. Ostasien – Europa. Begegnungen in
der Kunst des 19. und 20. Jahrhunderts, Herrsching 1980.

Wittmann, Barbara: Gesichter geben. Édouard Manet und die Poetik des
Porträts, München 2004.

Abbildungsverzeichnis

Das Signet des Schwabe Verlags
ist die Druckermarke der 1488 in
Basel gegründeten Offizin Petri,
des Ursprungs des heutigen Verlags-
hauses. Das Signet verweist auf
die Anfänge des Buchdrucks und
stammt aus dem Umkreis von
Hans Holbein. Es illustriert die
Bibelstelle Jeremia 23,29:
«Ist mein Wort nicht wie Feuer,
spricht der Herr, und wie ein
Hammer, der Felsen zerschmeisst?»